강지원의 성찰

왜 **사랑**과 **정의**인가?

강지원의 성찰

왜 **사랑**과 **정의**인가?

'돈키호테형 사회 운동가'의
'따뜻한 선(善)' 찾아가기

'따뜻한 선(善)의 길'을
찾아 나서다

우뚝 솟은 산봉우리를 바라보면 정상에 서고 싶다. 오직 정상에 닿기 위해 가파른 산을 힘겹게 올라간다. 어느 순간 정상에 다다랐다. 하지만 뭔가 허전한 기분이 드는 건 왜 일까? 요즘 들어 부쩍 '지금 여기서, 잘 살아가고 있는가?'를 자문한다. 우리네 인생에 정답은 없다지만, 뭔가 해답을 찾아가고 싶었다.

그동안 자유기고가로 일하면서 다양한 사람들을 만났다. 주로 사회적으로 저명한 인사(명사), 기업인, 사업가, 연예인, 예술가 등 분야를 막론하고 성공했다는 이들을 만났다. 대개는 '인터뷰'라는 한 번의 공적인 만남으로 끝나기에 그저 스쳐 지나가는 인연들이다. 그런데 유독 한 인물과는 우연히도 인터뷰를 계속 이어가게 되었다. 필자가 기고하는 여러 매체에서 덕망과 인품을 두루 갖춘 인물을 선호하다 보니, 그는 최적의 인터뷰 대상자였다. 어느 순간 인터뷰를 하면 할수록 '이분은 달라도 많이 다르다, 매우 독특한 분이다'라는 생각이 많이 들었다. 무엇보다 필자가 기존에 만났던 어떤 이들보다 마인드와 철학이 남달랐다.

인터뷰 시, 보통은 그 인물의 성공 스토리가 주를 이룬다. 그런데 그는 단지 성공으로는 설명하기 어려운 특별한 무언가를 가지고 있었다. 출세와 성공을 지향하는 시대에, 그가 걸어온 이력 자체가 의아할 정도로 독특했다. 무엇보다 생각 자체가 남들과는 확언히 달랐으며, 자신만의 뚜렷한 소신과 가치관으로 세상을 관망하였다.

그렇다보니 인터뷰에서 그가 했던 말이나 생각, 메시지가 필자의 뇌리에 인상 깊게 들어왔다. 세상과 사람, 사물을 바라보는 시각과 예리한 통찰력, 어디서도 들어본 적 없는 메시지가 깊은 울림과 여운을 주었다. 이는 듣는 이로 하여금 교훈과 지혜를 넘어 깨달음의 경지에 이르게 했다. 이 분이 바로, 필자가 2004년에 처음 인터뷰했던 강지원 변호사다.

필자가 '변호사'를 인터뷰한 것은 이때가 처음이었다. 그래서 직접 만나보기 전에는, 단순히 '변호사'라고 해서 뭔가 냉철하고 예리하며 반대로 따뜻한 인간미와는 거리가 멀 것이라고 생각했다. 변호사이면서 시사 프로그램 진행자라는 정보만 갖고 KBS 방송국으로 찾아가 강지원 변호사를 만났다. 그런데 인터뷰를 하면서 필자는 속으로 깜짝 놀랐다. 질문 하나 하나에 세심한 답변이 술술 나왔고, 논리 정연하면서도 재치가 넘쳤다. 그러면서 매우 유쾌하고 솔직하며 소탈했고 웃음이 많았다. 덕분에 필자도 덩달아 많이 웃었다. 사실 이렇게 웃으면서 인터뷰하는 경우는 매우 드물다. 인터뷰 자체가 공적인 업무이기에 대개 분위기가 진지하고 딱딱하다. 방송국 휴게실에서 했던 인터뷰는 화기애애하게 흘러갔다. 인터뷰도 이렇게 재미있고 유쾌하구나, 하는 생각이 들었다. 그때 강 변호사가 "웃음이 많은 아가씨네요!" 했던 기억이 있다. 이 인터뷰 이후, 변호사라는 이미지와 편견이 완전히 깨졌는데 이는 강지원 변호사이기에 가능한 일이었다.

당시에도 강지원 변호사는 '청소년 지킴이'이자 사회적 약자를 대변하는 변호사, 나아가 여러 분야에서 '사회 운동가'로 왕성하게 활동하고 있었다. 강 변호사는 누구보다 최고의 엘리트 코스를 밟았지만 '변호사' 직업을 끝으로, 출세와 명예의 길을 버리고 '사회 운동가'라는 길을 지금까지 걸어오고 있다.

　　그동안 필자는 강지원 변호사와 인터뷰하면서 기존에 가졌던 상식이나 인식을 깨뜨리는 경험을 많이 했다. 전혀 예상치 못한 답변과 뒤통수를 때리는 메시지를 들을 때면 나도 모르게 무릎을 치곤했다. 그럴 때 '촌철살인(寸鐵殺人)'이 떠올랐다. '한 치의 쇠로 사람을 죽인다'는 것이 원래 뜻인 촌철살인은 '간단하고도 짧은 말로 급소를 찔러 사람을 감동시킨다'는 의미를 지니고 있다. 강 변호사가 가진 남다른 철학과 메시지는, 세상 이치와 진리를 깨우치면서 마음까지 크게 흔들어 놓았다. 예전에 어느 인터뷰에서 필자는 '노력'에 대해 질문하였다. 그는 "노력하지 마라, 그것이 적성에 맞지 않는 일이라면, 그 노력은 헛된 것이다"라고 하였다. 이처럼 질문자도 전혀 예상치 못한, 뒤통수를 치는 말이 많았다. 행정고시와 사법고시에 모두 합격하고 누구보다 공부와 노력을 많이 했던 그가 내놓은 메시지는 상식의 틀을 완전히 깼다. 한마디로 명쾌하고도 뼈 때리는 조언이었다.

　　그는 또한 '사랑과 정의'에 대해 새롭게 인식하고 자각하는 계기를 만들었다. 그동안 추상적으로 알았던 '사랑과 정의'를 구체적 개념으로 끌어올리며 한 차원 높은 물음과 깨달음을 던져 주었다.

"사랑이 없는 정의는 선(善)이 아니며, 반대로 정의가 없는 사랑도 선(善)이 아니다. 사랑과 정의가 일체가 될 때, 그것이 바로 선(善)"이라는 그의 메시지는 무척이나 심오하고도 고차원적이어서 들을수록 놀랍고 신기했다. '사랑과 정의'에서 '선(善)'으로 이어지는 이야기는 '급소를 찔러 감동시키는' 메시지로, 누구라도 여기에 푹 빠져들 것이다.

그는 약 30년 동안 검사와 변호사로 활동하였다. 검사 시절, 청소년보호위원회의 초대 위원장을 맡으면서 소외받는 청소년과 장애인, 여성을 위한 사회 운동을 펼쳤다. 변호사로 전직한 후에, 우리 사회의 약자와 소수자를 위해 더욱 목소리를 내면서 적극적으로 사회 운동에 뛰어들었다. 그의 생각과 자각은 계속해서 확장되었으며 이후 더욱 폭넓은 사회 활동을 이어갔다. 이러한 공로로 그는 대한민국 근정훈장, 대한민국 대통령 표창, 국민훈장 모란장, 인제인성대상, 율곡상 등을 수상했다.

이 책을 쓰고 있는 중에 반가운 소식이 전해졌다. 올해 4월, 제23회 4·19문화상 수상자로 강지원 대표가 선정된 것이다. 그는 "자신은 자격이 안 된다"며 극구 사양했지만 주최 측의 간곡한 뜻을 거스를 수 없었다. 사단법인 4월회 산하, 4·19문화상재단은 "우리 사회 공동체의 공공선(善)을 위해 일신의 영달을 내려놓고 다방면으로 봉사해 온 강지원 변호사의 헌신적인 공적을 높이 평가하여 제23회 4·19문화상 수상자로 선정하였다"고 밝혔다. 그는 수상 소감에서 이렇게 말했다.

"지금 저의 가장 큰 화두는 '무엇이 선(善)인가?'하는 것입니다. 인류 공동체는 '공공의 선(善)'을 찾아가야 한다고 생각합니다. 정치권에서 허구한 날 싸우는 것은 선(善)이 아닙니다. 이기적 욕망으로 나만의 이익을 추구하는 것도 선(善)이 아닙니다. 내 편, 네 편을 가르고 내 편의 주장만이 정의라고 편드는 것도 선(善)이 아닙니다. 우리 사회에서 무엇보다 좌우가 서로 사랑해야 한다고 생각합니다. 그것이 진정한 선(善)이기 때문입니다."

그동안 그가 '사회 운동가'로서 열정적으로 해 온 활동의 거시적 이유는 '공공의 선(善)'이다. 이 책을 관통하고 있는 주제 역시 '공공의 선(善)'이다. 어쩌면 강지원 대표의 일생은 '따뜻한 선(善)'을 찾아가는 여정이 아니었나 싶다. 그동안 다양한 분야에서 강지원 대표와 함께 해온 이들의 이야기가 책『구도자 마음으로』에 실렸으며, 이 책에 일부를 인용하여 소개한다.

강지원 대표는 살아온 이력에서 잠시 '대통령 후보'라는 타이틀을 가지고 있다. 2012년 제 18대 대통령 후보로 나섰던 것이다. 거대 양 당의 후보 사이에서 꿋꿋이 소신과 목적을 가지고 출마했던 강지원 후보는 출사표에서 "대통령이 되겠다는 야망과 탐욕에 의해 출마한 것이 아니다"라고 밝혔다. 예상치 못했던 깜짝 행보에 그는 세간에 '돈키호테' 같은 인물이 되었다. 세상 사람들에게 그의 갑작스런 대통령 출마가 무모해 보였을지 모르나, 그는 정책 중심의 매니페스토 정치개혁의 모범을 보이겠다는 뚜렷한 소신과 포부로 나섰다. 그는 대한민국 최초의 매니페스토 대통령 후보로 나서면서 승패와 상관없이 우리 정치사에 의미 있는 발자취를 남겼다.

그는 소위 '권력'과 '권위'를 거머쥔 기득권층과 사회적 강자를 두둔하지 않았다. 오히려 우리 사회에 소외된 이웃들, 약자들 편에 서서 그들의 고통과 상처를 나누고 치유하는 데 관심을 쏟았다. 하지만 약자라고 하여 무조건 감싸고 보호한 것이 아니다. 극단적인 방법으로 사태를 악화시키는 약자가 있다면, 거기에 동조하거나 가담하지 않았다. 그것은 정의가 아니고 '선(善)'이 아닌 까닭이다. 또한 산업화 세력이니 민주화 세력이니, 어느 세력이든 편파적으로 흐르는 세태를 경계하였다. 또한 어느 한 쪽에 서서 다른 한 쪽을 공격하는 것은, 그의 성향이나 가치관과도 전혀 맞지 않았다. 그래서 그는 정치를 할 인물이 못 된다고 하여 정치권에는 한 발짝도 들여놓지 않았다. 숱한 정치적 자리나 공직 요청도 모두 사양하였다. 이는 그에게 가장 중요한 삶의 가치가 '중정(中正)'이며 '중(中)'을 향하는 마음, 즉 '중향(中向)'을 지향하고 있기 때문이다.

2009년 인터뷰에서 그는 "환갑이라는 인생의 전환점을 맞았다"면서 "30년 동안 앞만 보고 달려왔으니, 은퇴 이후의 삶은 주위를 살피며 봉사하는 일로 채우고 싶다"고 말했다. 그러면서 "숱한 경험과 연륜이 쌓이고 새롭게 자각하는 나이가 되니, 자연스럽게 욕심을 내려놓게 된다"고 했다.

산에 오르다 보면 어느 새 정상에 닿는다. 그런데 그것이 끝이 아니다. 산에서 내려오는 일이 남았다. 그는 "사람의 인생은 산에 올랐다가 내려오는 길"이라고 하였다. 누구나 젊은 시절에 부와 명예를 추구하며 치열하게 살았다면, 인생 내리막에서는 타인과 이웃을 사랑하고 나누는 삶을 살아야한다고 했다.

꼭 10년 후인 2019년 인터뷰에서 그는 "어느 덧 일흔이 되었는데 이제 좀 철이 들어야겠다"면서 "앞으로 구도자적인 삶을 지향해야겠다"고 말했다. 그는 일흔을 넘기면서 문득 지나간 시절을 돌아보며 반성하고 회개하면서, 더욱 공생하는 삶을 살아야겠다고 다짐했다. 그가 말한 '철이 들어야겠다'는 의미는, 어쩌면 '구도자적인 삶을 사는 것'이 아닐까.

그는 지금껏 우리 사회 구석구석, 전 방위 '사회 운동가'로 활동하면서 세상에 선한 영향력을 퍼뜨리고 있다. 이후 필자는 '강 변호사님'이 아닌 '강 대표님'이라 부르고 있다. 공적인 인터뷰든 개인적인 대화든 그동안 강지원 대표의 진심어린 조언과 메시지는, 두고두고 필자에게 새로운 교훈과 용기를 북돋아주는 동력이 되었다.

필자는 강지원 대표의 인터뷰 기사를 그저 짤막하게 기고했던 글로는 뭔가 많이 부족하고 아쉽다는 생각이 들었다. 그동안 그가 해왔던 수많은 이야기를 비롯해 뿌리 깊은 신념과 철학, 그리고 '촌철살인'같은 메시지를 더욱 깊이 파고들어 종합적으로 분석해보고 싶었다. 나아가 그가 살아온 생애를 찬찬히 들여다보면서, 세상을 바라보는 그만의 시각과 가치관, 그리고 '사회 운동가'로서 '따뜻한 선(善)'을 찾아가는 길에서 깨달은 것들을 많은 이들과 나누고 싶었다. 지금, 이 모든 것을 한 권의 책에 담는 것이 필자의 소명이라 생각했다. 그래서 기쁜 마음과 사명감을 갖고 이 책을 집필하게 되었다.

그동안 필자가 강 대표와의 인터뷰를 통해 고정관념을 깨고 깨달음을 얻었듯이, 그의 메시지 속에는 그간 우리가 알지 못했고 미처 깨닫지 못 했던 것들, 나아가 가슴에 깊이 새길만한 지혜가 무수히 담겨 있다. 그것은 사막 한가운데서 발견한 생명수처럼 귀하고도 값진 '삶의 보배'라고 감히 말하고 싶다.

요즘 필자는 '전기 작가'가 된 것처럼 강지원 대표의 이야기를 쓰는 것이 무척이나 영광스럽다. '전기 작가(傳記作家)'는 '한 개인의 생애와 활동, 업적 따위를 작품으로 창작하는 사람'이다. 유명한 '스티브 잡스 자서전'은 전기작가에 의해 쓰여졌다. 도입부에는 잡스가 전기 작가 '월터 아이작슨'에게 자신의 전기를 써달라고 부탁하는 내용이 나온다.

집필을 하다 보니 강 대표의 경우는 단순한 전기가 아니었다. 그의 발자취를 따라 가다보니 자연스럽게 그의 생각이나 철학이 담긴 메시지가 비중 있게 다뤄졌다. 이는 어디서도 듣거나 접하지 못한 내용이 많다. 무엇보다 이 책은 한 인물의 생애나 업적을 뛰어넘어, 주인

공의 심오한 메시지에서 건져 올린 삶의 감동과 지혜를 전하고 있다.
글을 쓰면서 내 자신이 먼저 삶의 진정한 가치와 깨달음을 얻었다. 필
자가 새롭게 자각했듯이 독자들도 이 한 권의 책을 통해 어떤 깨달음
을 얻는다면, 저자로서 더없이 기쁠 것이다.

이 책이 강지원 대표님에게 혹시라도 '누'가 되지 않았으면 하는
마음이다. 미약하나마 글 쓰는 달란트를 주신 하나님께 감사와 영광
을 돌려 드린다. 그리고 하늘나라에서 막내딸을 지켜보고 있을 아버
지에게 낳아주신 어머니에게 감사와 사랑을 전한다.

마지막으로 세상에 태어났다면 어떤 마음과 태도로 살아가야
하는 지, '사랑과 정의'를 새롭게 자각하게 하고, 나아가 '선(善)'의 가치
를 일깨워주신 강지원 대표님에게 마음 깊이 감사를 드린다.

허 주희

사랑이 없는 정의는 선(善)이 아니며,
정의가 없는 사랑도 선(善)이 아니다.

목
차

부자자효

父慈子孝

어머니의 온기가 스며든 하숙방

어둠이 짙어지면 손바닥만한 하숙방에 어머니와 나란히 누웠다. 어머니의 따스한 체온이 차가운 방바닥과 그의 허약해진 육신에 스며들 때 그는 편안히 잠들 수 있었다. 초임 검사로 지방검찰청에 처음으로 발령받아 낯선 지방에 하숙을 하게 된 그는 낮에는 밀려드는 사건을 처리하느라, 밤에는 업무와 관련된 공부에 몰두하느라 밤낮 없는 시간을 보냈다.

검사가 되기 전에는 행정고시에 합격해 재무부에서 사무관으로 근무했고 이후 지방세관에 총괄과장으로 발령이 났다. 그때도 낯선 곳에서 하숙하며 주경야독으로 사법고시 공부를 했고 몸이 많이 쇠약해졌다. 난생 처음 타지에서 하숙하는 아들이 걱정된 어머니는 이따금씩 하숙방에 찾아와 아들을 보살펴 주었다. 사법고시 합격 후 이번에는 또 다른 지방으로 발령받으면서 그는 먼 타지에서 또 다시 하숙생활을 하게 됐다.

초임 검사로 근무하면서 극도의 긴장감과 과중한 업무가 이어졌고 육체적, 정신적 피로가 극에 달하면서 결국 건강에 적신호가 왔다. 어머니는 먼 지역에서 홀로 생활하며 건강이 악화된 아들을 두고 볼 수 없었다. 어느 날 어머니는 하숙집으로 한의사를 모시고 와서 아들의 진맥을 하게 하고, 당신이 손수 보약을 달여서 마시게 하였다. 어머니는 한 달 반가량 하숙집에 머물면서 아침, 저녁으로 식사와 보약을 챙기면서 살뜰히 보살폈다. 그렇게 손바닥만한 하숙방에서 어머니는 아들을 간호하며 지냈다. 어머니의 지극한 정성 덕분일까. 그는 서서히 기력을 회복하였다. 그의 쇠약해졌던 육신을 치유한 것은, 어쩌면 보약이 아닌 어머니의 지극한 사랑과 온기가 아니었을까.

어느 날 아침, 출근하는 그에게 어머니는 "이제 집에 가봐야겠다"고 하셨다. 그날 저녁에 퇴근하고 와 보니, 하숙집 어디에도 어머니가 보이지 않았다.

'어머니는 오늘 떠나셨구나.'

그날 밤 아주 오랜만에 혼자 잠자리에 누웠다. 그런데 그날따라 좁은 하숙방이 크게 느껴지면서 방 안의 공기가 사뭇 달랐다. 어제까지는 이 방에서 어머니와 함께 누웠는데, 막상 혼자 누우니 어머니의 빈자리가 크게 느껴졌다.

'가슴이 텅 빈 것 같은 이 허전함과 공허감은 무엇일까?'

그는 생각이 많아지며 좀처럼 잠을 이루지 못 했다.

'이것이 어머니의 사랑인가? 이제껏 나는 왜 어머니의 마음을 헤아리지 못 했을까?'

순간 눈물이 비처럼 쏟아지기 시작했다. 뜨거운 눈물은 베개를 적시고, 그의 가슴 속으로 아프게 파고 들었다.

그는 사실 어린 시절부터 어머니에게 크게 상처를 받은 자식이라고 생각했다. 7남매 중 넷째인 그는 아침에 형과 다투고 저녁에 동생과 다투면 하루에 어머니에게 두 번 혼난 셈이 되었다. 그러면서 다른 형제들 보다 자신이 더 미움을 받는다고 생각하였다. 그러다가 초임검사 시절, 뜻하지 않게 건강이 악화되어 어머니와 좁은 하숙방에서 함께 지냈고, 그때서야 어머니의 진심을 깨달았다. 그동안 어머니에게 받은 마음의 상처는, 철없던 시절에 스스로가 만든 오해였다는 것을 알고 뒤늦게 회한의 눈물을 흘렸다. 그가 '상처'라고 생각했기 때문에 '상처' 일 뿐, 그것은 진정 '상처'가 아니었다는 사실을 스스로 깨달았던 것이다.

폭포수처럼 흘린 눈물 뒤에 그는 굳게 다짐한다. 그것은 '앞으로 내가 어머니를 잘 모셔야겠다'는 것이었다. 이는 하나의 '속죄'였다. 그동안 어머니에게 받았다는 상처가 자신의 잘못이었음을 깨닫고 이를 '속죄'하는 것이다. '평생토록 내가 어머니를 곁에서 지키겠다'고 결심했다. 나아가 그는 인간 내면세계의 상처, 즉 '상처'라고 생각했던 것은, 인간이 살아가는데 있어 그 삶에 얼마나 큰 요인으로 작용하는지 깨달았다. 그래서 그는 프로이트나 라캉, 융 등의 책을 열심히 읽고 탐구하는 학구파가 되다시피 하였다.

그는 어릴 적부터 장난기와 호기심이 많은 아이였다. 어릴 때 살았던 집 마당에는 큰 우물 샘이 있었다. 어른들이 우물 샘에서 물을 길어 올리는 것이 신기했던 아이는 우물 샘이 얼마나 깊을까 궁금해서 직접 들어가 보기로 한다. 우물 속이 얼마나 깊은 지 내려가 보기로 했다. 먼저 두 발을 벌려서 오른쪽 바위를 한번 딛고 그 다음에 왼쪽 바위를 한번 딛고 한 발짝씩 내디디면, 끝까지 내려갈 것 같았다.

그런데 여러 차례 시도를 했지만 다리가 짧았던 탓에 바위에 발을 내디딜 수 없었다. 하지만 쉽게 포기하지 않았다. 어느 날 다시 한 번 도전했다. 그런데 우물가 한쪽에서 다른 한 쪽으로 뛰어 내려가려는 순간, 몸이 우물 안으로 쑥 빠질 것 같았다. '아차' 하는 찰나에 마침 우물 위에 있던 빨래 줄을 간신히 붙잡았다. 순간 몸이 출렁거리며 허공에 매달렸다. 그 덕분에 우물에 빠지지 않고 살아났다. 빨래 줄이 튼튼했던 것이 천만다행이었다.

어떤 날은 아이가 없어져 집안이 발칵 뒤집히기도 했다. 집안을 아무리 뒤져도 아이가 없으니 어머니는 울며불며 동네방네 찾아다녔다. 그러다가 저녁에서야 아이를 발견했는데, 그곳은 가족들도 잘 가지 않는 방구석의 작은 벽장이었다. 이불을 넣어 놓은 벽장에 들어갔다가 그 위에서 깜박 잠이 든 것이다. 그 때 어머니에게 얼마나 혼났는지, 어린 마음에 혼나면서도 '내가 왜 혼나야하지?' 억울하기도 하고 재미있던 기억이 있다. 형제, 자매가 많은 집에 가운데 낀 아이는 대개 위아래 사이에서 이리저리 치이게 마련이다. 그런데 그의 마음엔 어머니가 불공평하게도 자신을 더 미워한다는 서운함을 키웠다. 이는 상처로 남아, 성인이 되어도 그의 가슴 속을 잠식하고 있었다.

그는 행정고시에 합격해 현직 공무원으로 근무하면서 사법고시에 수석으로 합격하는 영광을 맛보았다. 당시 신문과 방송에도 떠들썩하게 나올 정도로 뉴스의 주인공이었다. 그때 그의 부모님도 언론과 인터뷰를 할 정도로 온 집안이 주목을 받았다. 그때는 서울 경복궁 안, 당시 중앙청 건물에서 사법고시 합격자들을 모두 모아, 합격증을 수여하는 성대한 행사를 가졌다. 합격자 가족까지 모두 초청해 함께 축하하고 기쁨을 나누는 자리였다. 그런데 당시 그는 부모님에게 이 수여식을 알리지 않았다. 그래서 부모님은 물론 아무도 이 행사장에 오지 못 했다. 그 해 수석 합격이라는 최고의 영예를 누렸음에도, 그는 수여식에서 혼자 덩그러니 합격증을 받았다. 가족, 친척 등 많은 사람들에게 박수를 받는 영광의 자리였지만 그는 혼자였다.

　당시에는 몰랐다. 자신의 상처가 크다고 생각한 나머지, 그 상처를 자신에게 줬다고 생각한 어머니에게 반발심이 있었던 것이다. 나중에서야 그것이 얼마나 잘못된 행동인지를 깨달았다. 초임 검사 시절, 하숙집에서 어머니와 한 달 반가량 지낸 후에 어머니가 하숙집을 떠났고, 그제서야 '행사장에 어머니를 모시지 않았던 일'이 떠올랐다. 그는 뒤늦게 회한의 눈물을 흘린 것이다.

도망치며 찾은
백양사에서 고시 공부

찬바람이 매섭게 불던 어느 날 밤, 급하게 짐을 챙겨 야간열차를 탔다. 서울대 정치학과에 재학 중 3선 개헌 반대 시위 주동자로 찍혔고, 신문에는 퇴학 처분 기사가 실렸다. 지성인으로 일컫는 대학생이 시대적 상황과 사회 문제에 관심을 갖는 건, 자연스러운 현상이다.

대학 2학년이던 당시 박정희 대통령이 장기집권을 위해 3선 개헌을 계획한다는 정보가 대학가에 흘러들어왔다. 대학생들은 서울 동숭동 서울대 교정 안의 4.19탑 앞에서 전국 최초로 3선 개헌 반대 시위를 했다. 그는 며칠 전부터 여관방을 전전하며 격문을 준비하는 등 사전에 모의하고 서클 사무실에 유인물을 산더미처럼 쌓아놓으며 만반의 준비를 했다. 드디어 D-day가 되었고 집회를 준비하고 있는데, 갑자기 현장에서 사회를 보던 학생이 그에게 연설까지 하라고 했다. 얼떨결에 단상에 나간 그는 "장기집권 음모는 분쇄해야 한다"고 열변을 토했다. 그런데 이 장면이 당시 현장에서 쫙 깔려있던 중앙정보부 정보원들의 카메라에 찍혔고 그는 졸지에 시위 주동자로 노출되었다. 이 일로 학교 당국에 무기정학을 당했다. 당초에는 퇴학 처분이었는데, 나중에 한 단계 낮춰 무기정학이 되었다. 그는 시위 주동자로 찍히면서 진로의 방향까지 바뀌게 되고, 고시 양과를 합격한 후에도 전혀 예상치 못한 불이익을 입게 된다.

대학에서 무기정학을 당한 후 이어진 면담에서 학장은 "자네는 아무리 보아도 시위해서 출세할 사람이 못 되는 것 같으니, 외국 유학을 준비하는 게 어떻겠나?"고 말했다. '언제부터 우리가 출세를 생각하고 시위를 했었나? 시위와 출세가 무슨 상관이 있는 거지?' 그는 못마땅한 기분으로 그 자리를 나왔다. 그런데 며칠 후 일선 경찰에서 '강지원을 체포하라!'는 지시가 내려졌다는 소식이 날아들었다. 파출소 뒷집에 살았던 그는 전화를 끊자마자 곧바로 집을 뛰쳐나왔다. 졸지에 수배자가 되어 경찰에 쫓기는 신세가 되자, 야반도주하듯 무작정 지방으로 향한 것이다. 집에는 미처 연락할 틈도 없이 서울역에서 아긴열차를 탔다. 열차에서 잠깐 눈을 붙였나가 떠보니 '백양사'라는 간판이 보였다. 아무 생각 없이 그곳에 내렸고 야밤에 몰래 찾아간 곳이 백양사다. 스님의 배려로 백양사 위쪽 작은 암자인 '천진암'에 머물렀다.

깊은 산 속 사찰에 숨어 지내야 했던 대학생은 자신의 안위보다, 혼란스런 나라에 대한 걱정과 무기력에 시달렸다. 앞날에 대한 불안과 알 수 없는 분노가 청년의 가슴 속을 잠식하고 있었다. 그렇게 첩첩산중에서 몸을 숨기고 지낸 지 한 달쯤 지났을까? 누군가 그를 찾아왔다.

"험한 산길을 누군가 올라오는 게 먼발치에서 보였어요. 가까이 올수록 서서히 윤곽이 드러나면서, 혹시나 했는데 부모님이었어요. 두 분이 보따리를 들고 힘겹게 올라오는데, 순간 코끝이 시큰해졌어요."

백양사 산골까지 그 먼 길을 달려오신 부모님. 깊은 산 중에 숨어 살며 고생할 아들을 위해 옷가지며 먹거리를 보따리에 싸 온 부모님은 혹시 미행이라도 당할까 주위를 조심스럽게 살피며 올라오고 있었다. 그 모습을 보니, 가슴이 시렸다. 한 달 만에 마주한 부모님이었지만 반가움도 잠시, 차마 부모님의 얼굴을 볼 면목이 없었다. 불효를 저지른 것 마냥, 아무 말도 할 수가 없었다. 마음 속엔 부모님에게 혼날 각오가 돼 있었다. 그러나 부모님은 별 말씀 없이 한마디만 남기고 발길을 돌렸다.

"몸조심하고 건강해라!"

그 먼 길을 달려와서 한 달 만에 아들을 본 부모님이 남긴 말은, 그것이 전부였다. 1970년대 초, 국가적으로 먹고 살기가 팍팍하고 혼란스러웠던 시절에 수재 소리를 듣던 아들이 서울대학교에 들어갔으니 어느 부모가 자랑스럽지 않을까? 그런데 그 아들이 시위 주동자로 찍혀 퇴학 처분(이후 무기정학)을 받았다고 하니, 보통의 부모라면 "어떻게 들어간 대학인데 퇴학을 당하냐?"고 꾸짖고 싶은 심정이었을 것이다. 그러나 부모님은 아무 말씀도 하지 않았다.

백양사에 온 첫날, 뜬 눈으로 밤을 보낸 후 아침을 맞았을 때 여러 명의 나이 든 청년(?)들을 보았다. 아침 식사 자리에서 만난 그들은 알고 보니 고시공부를 하는 고참이었다. 그들은 "남자가 세상에 태어났으면 '사'자를 붙여야 출세한다"고 말했다. 사실 이 말은 전에도 수없이 들었던 얘기다. 게다가 그들은 "쓸데없이 데모같은 것 하지 말고 고시공부나 해"라고 다그치듯 훈계했다. 그날 그는 뭐라도 해야 할 듯해서 읍내 책방에 들렀다.

자석에 이끌리듯 헌법 책과 민법총칙 책을 사들고 올라왔다. 자연스럽게 그들과 같이 백양사에서 고시공부를 시작한 것이다. 그는 대학에 들어가서도 한 번도 생각해 보지 않았던 고시 공부를 하게 된 것이다. 지금도 그렇지만, 당시에는 '사'자 들어가는 직업이 최고의 출세이자 앞날에 성공이 보장되는 시절이었다. 더구나 그때는 자신의 적성이고, 꿈이고 생각할 겨를이 없었다. 그 역시, 그저 부모님의 기대에 어긋나지 않는 자식이 되고자 했으며 사회적 통념과 고정관념에 맞춰 자연스럽게 출세의 길을 향해 내달렸다.

그는 졸업을 앞두고 행정고시에 응시했다. 백양사에서는 사법고시를 공부했는데 먼저 치러진 행정고시를 본 것이다. 그런데 예상치 않게 처음 본 시험에서 1차 객관식에 이어 2차 주관식까지 합격해버렸다. 당시에는 2차 시험에 합격하면 3차 면접은 자동으로 합격하게 돼 있었다. 그런데 황당한 일이 벌어졌다. 그가 3차에 떨어졌다는 것이다. 이유는, 신원조회에서 중앙정보부로부터 데모 주동자로 통보가 왔다는 것이다.

그런 일이 있은 후, 1년에 한번 있던 행정고시가 불과 6개월 뒤에 치러졌고, 그는 다시 도전했다. 그리고 이번에는 최상위권 성적으로 상위권에 들어가자, 그를 떨어뜨리지 못했다. 그렇게 서울대학교를 졸업한 후, 제12회 행정고시에 합격하였고 재무부와 관세청에 근무하였다. 이후 공무원 재직 중에 사법고시를 준비하였고 1976년 제18회 사법고시를 수석으로 합격하기에 이른다. 그는 사법고시 합격 후 공무원 생활을 접고, 2년간의 사법연수원을 수료한 후 검사생활을 시작한다.

그런데 일이 또 생겨났다. 사법연수원 성적까지 합산해서 1등이었음에도 불구하고, 서울이 아닌 전북 전주로 발령이 난 것이다. 당시에는 수석합격자는 당연히 서울지방검찰청으로 발령하는 것이 관례였는데, 뜻하지 않게 먼 지방으로 발령이 난 것이다. 그 이유는 역시 중앙정보부로부터 시위 주동자라는 통보가 왔기 때문이란다.

그는 어쩔 수 없이 짐을 꾸려 전주로 내려갔다. 그런데 첫 발령지인 전주지검에서 맡은 첫 사건이 소년사범 사건이었다. 이를 계기로 그는 운명처럼 '청소년 문제'에 관심을 갖고 파고들게 된다.

검사에서 변호사,
전방위 '사회 운동가'로

강지원 대표는 서울 재동초등학교(1961년)와 경기중,고 (1967년), 서울대 정치학과 졸업(1972년), 행정고시 합격(1972년), 사법고시 수석 합격(1976년)이라는, 소위 엘리트 코스를 거쳐 왔다. 그는 1978년 부터 2002년까지 검사로 활동한 이후 변호사가 되었다. 24년간 입었 던 검사복을 벗어버리고, 청소년, 장애인, 여성 등 사회적 약자를 위 한 변호사로 전직한 것이다. 2002년 검사생활에 사표를 던지고 '변호 사'로 바꾼 그의 선택은 당시에도 세상의 주목을 받기에 충분했다.

그는 당시 TV 등 언론 인터뷰에서 "검사 시절인 1989년에 신설된 서울보호관찰소장을 맡으며 시작된 청소년 문제가 내 인생에 새로운 방향을 제시했다"면서 "나아가 검사장 승진에 연연하지 않고 후배들에게 길을 열어주기 위해서 그리고 좀 더 일찍 사직하고 싶었으나 '내 아들이 검사'라는 자부심으로 평생 살아오신 어머니에게 실망을 주지 않기 위해 사표가 조금 늦어졌을 뿐"이라고 사표의 변을 밝혔다. 그는 이전까지 자신의 적성을 생각할 겨를도 없이, 그저 사회에서 인정하는 직업, 출세의 발판이 되는 직업, 부모님에게 실망시키지 않는 직업을 위해 노력해 왔다고 고백했다.

그는 어쩌면 남들처럼 우리 사회에서 정해 놓은 출세의 수순을 밟고 사법고시 합격 후 법조계로 흘러왔을 것이다. 20년 전에 '검사'라는 안정된 직업을 버리고 그것도 인권 변호사로 전직하는 것은 매우 드문 일이었다. 변호사가 된 이후에 그는 청소년, 여성, 장애인 등 사회적 약자를 위한 변론에 앞장서면서 '인권 변호사'로서 깊은 인상을 남겼다. 그래서 지금까지도 '강지원 변호사님'으로 많이 불린다.

2009년 변호사 사무실에서 인터뷰했을 당시 강지원 변호사는 "환갑을 맞으면서 그간 해오던 변호사 일을 그만 두겠다"고 했다. 그 이유는, 환갑 이후에 주어지는 삶은 '제 2의 인생'으로 '무욕의 삶', '봉사의 삶'을 살기 위해서라고 했다.

"지난 3월에 환갑을 맞았는데 그 전후로 참 많은 생각을 했어요. 이 나이가 되니 이제 돈벌이는 그만 하자는 생각이 들었어요. 지난 세월 앞만 보고 달려왔으니, 등산으로 치면 오르기만 한 것이죠. 이제 인생 2막은 버리고 내려가는 삶, 즉 타인을 위해 봉사하는 삶을 살아야겠다고 다짐하게 되었어요."

환갑을 기점으로 강 변호사는 제 2의 인생의 서막을 열었다. 가장 먼저 법률사무소 간판을 내렸다. 또한 복잡한 도시권에서 벗어나고자 경기도로 집을 옮겼고 승용차도 없앴다.

"산에 오를 때는 힘이 들고 정상을 향해 정신없이 달려가느라 보지 못했던 아름다운 꽃과 나무가 내려 올 때는 마음에 여유가 생겨 보이잖아요. 인생도 마찬가지라고 생각해요. 인생을 산에 비유하자면, 지금까지는 나를 위한 목표를 달성하기 위해 정신없이 산에 올랐지만 환갑 이후의 남은 인생은 봉사로 채워나가고자 합니다. 이는 인생의 아름다운 면과 주변 사람들을 바라보기 위함입니다. 그래서 선택한 것이 봉사의 삶입니다."

그는 변호사로 활동하면서 청소년적성찾기운동, 여성인권존중운동, 장애인재활병원설립운동, 매니페스토정치개혁운동 등 이미 수많은 직책으로 각종 사회 운동을 펼치고 있었다. 올바른 나라, 아름다운 사회, 선하고 행복한 공동체를 위한 일이라면 그는 어디든지 달려갔다. 몸이 열 개라도 부족할 정도로 사회 운동가로서 온 힘과 열정을 쏟았다. 그렇다고 월급이나 보수가 나오는 곳은 한 곳도 없다. 대가를 바라지 않고 오로지 가슴이 하라는 대로 행동에 나선 것이다.

교사 출신 어머니의 교육관은 '자유'

한 사람의 탄생을 이야기할 때, '부모'는 필연적으로 등장한다. 누구든 탄생의 원천이 있고 이는 곧 '부모'라는 뿌리에서 시작된다. 성장하면서 부모에게 물려받은 삶의 유산은 그 사람의 인격을 완성하고 이 세상을 살아가는 원동력이 된다.

강지원 대표의 부친 강대혁(姜大爀)은 일제강점기에 보성전문학교 법과(현 고려대 법대)를 졸업한 후, 해방 후에 여러 지방의 군수 등을 역임하였다. 모친 이효임(李孝任)은 경성사범학교(현 서울대 사범대 전신) 출신으로 젊은 시절 교사로 재직했다. 억압적이고 서슬 퍼런 일제시대에, 여성으로서 엘리트 코스를 밟으며 교사가 되었다는 것은 매우 대단한 일이었다.

조부 강효식은 일제 때 독립운동과 관련해 치안유지법 위반으로 일제 감시 대상 인물이었다. 강 대표의 가문은 조선 전기의 문인이자 최초의 농학자인 사숙제 강희맹 선생의 17세손이고, 정유재란 때 포로로 잡혀가 일본에 처음으로 성리학을 전해준 조선 중기 문신이자 의병장인 수은 강항 선생의 12세손이다. 강지원 대표의 부모님은 슬하에 7남매를 두었다. 7남매 모두 명문대학에 진학하면서 수재 집안으로 명성이 자자했다. 다섯 명은 서울대학교에, 두 명은 각각 이화여대와 숙명여대에 입학했다.

예전에는 한 마을에 서울대 합격자가 나오면 현수막을 크게 걸어놓고 대대적으로 축하했다. 서울대 합격 자체가 그 지역의 '인재 탄생'이었다. 이는 집안은 물론, 마을 주민에게도 매우 경사스럽고 자랑스러운 일이었다. 지금도 그렇지만 대한민국 최고의 명문대인 서울대학교에 들어가는 것은 매우 어렵고도 손에 꼽을 일이다. 그렇다 보니, 서울대 자체가 인생 최고의 간판이자 명예 중에 명예였다. 이런 상황에서 한 마을도 아니고, 한 집안에 다섯 명이나 되는 자녀가 서울대에 들어갔다는 사실이 놀라울 뿐이다. '도대체 자녀들을 어떻게 교육시켰을까?' 자연스레 부모의 교육법이 무엇인지 관심이 쏠릴 것이다.

강지원 대표가 기억하는 부모님의 교육 방식은 한 마디로 '자유'였다. 자녀들이 어릴 적부터 스스로 고민하고 스스로 판단하게 하였다. 자녀들에게 "공부하라"고 닦달하거나 공부 안 한다고 야단치지 않았다. 자율을 중시하면서도 집안에는 묘하게 공부하는 분위기가 형성됐다. 그렇다 보니 자녀들은 당연히 공부를 해야 하는 것으로 인식했다.

그의 기억에 교육자 출신 어머니는 이래저래 공부를 할 수밖에 없는 분위기를 만들었다. 중학교 입학시험이 있던 시절, 초등학교 6학년이던 강 대표는 과외공부까지 받고 경기중학교에 입학했다. 이후 경기고등학교를 졸업하고 서울대 정치학과에 응시했다가 낙방했다. 그 때 친구의 제안으로 후기대학에 응시했고, 전교 수석으로 합격해 장학금까지 받았다. 하지만 어머니는 이를 용납하지 않았다. 그를 다그치진 않았지만 다시 재수를 하도록 분위기를 이끌었고, 일부 과목은 과외 선생님까지 붙였다. 결국 그는 서울대에 다시 지원해 합격한다.

강 대표가 서울대 정치학과를 지망할 때 어머니는 법대나 상대를 가보라고 권했지만, 그는 자신의 생각대로 정치학과에 지원서를 냈다. 행정고시와 사법고시를 준비할 때는 어머니는 "많이 힘들지 않겠냐?"며 건강을 헤칠까봐 오히려 반대하기도 했다. 광범위하게 보면,

부모는 자녀의 의견을 존중하고 본인 스스로가 진로를 선택하도록 하였다. 자녀에게 자율과 책임감이 수반되는 '교육적 자유'를 줌으로서 자녀들 스스로 확고한 의지와 신념을 키워나가도록 했다. 이것이 바로 부모님의 교육 철학이다. 나중에서야 강 대표는 당시 정치학과를 선택한 것과 고시를 공부했던 것을 후회했다. 그 이유는, 당시엔 자신의 적성과는 전혀 상관없이 그저 세상이 정해 준 틀에 맞춰 출세하는 풍조에 따랐기 때문이다.

어머니는 자녀의 진로 선택이나 취미활동 등 모든 부문에 있어서 전적으로 자유를 주셨다. 간혹 의견은 주긴 했지만 강요는 하지 않았다. 그는 스스로의 선택을 후회하지만, 자신에게 전적으로 자유를 주신 부모님에게 감사한 마음이 크다. 자신의 선택으로 인생의 방향이 결정되었지만 이후에 후회를 하면서 '적성'에 대해 깊이 성찰하였고 큰 깨달음을 얻었다.

그에게 '자유는 스스로 깨닫게 하는 힘'이었다. 그는 '자유는 결국 깨달음'이라는 것을 알았다. 이처럼 강 대표의 부모님이 자녀들에게 준 가장 큰 유산은 '자유'다. '네가 하고 싶은 것, 네 능력에 따라 네 마음대로 선택하고, 나중에 책임도 네가 지라'는 것이 부모님의 신념이었다. 부모님에게서 물려받은 유산은 강 대표의 자녀 교육에도 그대로 전수되었다. 그가 자녀들에게 물려주고자 한 것도 자유다. 그는 "자유는 '자율성'과 '책임감'을 동시에 키워 준다"고 말한다. 강 대표가 두 자녀를 대안학교에 보낸 것은 잘 알려진 일인데, 이는 부모에게 받은 그의 자율적 사고방식이, 자녀의 교육에도 그대로 영향을 미쳤을 것이다.

"자녀는 부모가 키우는 것이 아니라 스스로 크는 것입니다. 부모는 시간을 주고 믿고 기다려 주어야 합니다. 자유는 자녀들에게 독창적이고 발랄하며 신선한 아이디어를 발상하게 합니다. 자유를 주지 않고 무언가를 억지로 강제한다면 자녀는 자신의 삶을 싫어하고 부정적인 생각을 갖게 될 것입니다. 돌아보면, 부모님께서 일찌감치 우리 형제들에게 이러한 자유와 지혜를 유산으로 주셨기에, 각자가 독립적으로 제 역할을 해내지 않았을까 생각합니다."

가슴에 살아있는
어머니의 숨결

어린 자녀에게 '엄마'는 범접할 수 없는 '우주'다. 아이가 어른이 돼가면서 '엄마'도 서서히 '어머니'로 호칭이 바뀐다. 강 대표에게 '어머니'는 그 이름만으로 뜨거운 눈물을 흘리게 하는 존재다. '어머니를 평생 모시겠다'는 초임 검사 시절의 다짐은 결혼과 함께 시작되었다. 결혼 후 서울 본가에 들어가면서 자연스럽게 부모님을 모시게 되었다. 검사로, 변호사로, 전 방위 사회 운동가로 바쁜 와중에도 부모님의 안위를 살뜰히 챙겼다. 세월은 속절없이 흘러가고 부모님과의 이별은 무심하게도 기약 없이 다가왔다. 1996년에 아버지께서 먼저 세상을 떠났다. 그는 아버지를 떠나 보내던 날을 회상했다.

"추운 겨울날 산에 아버지를 매장하고 내려오는데, 아버지가 혼자 얼마나 적적하고 외로우실까 하는 생각에 눈물이 흐르더라고요. 우리나라 매장 문화에 대해 진지하게 생각하는 계기가 되었습니다."

부부가 신혼 때부터 모신 아버지와 어머니는 함께 살아온 세월만큼 애틋한 존재였다. 부모님이 노환으로 병석에 들어선 이후, 방에서 대소변을 받아내었다. 아버지는 임종까지 6년간, 이후에 어머니의 임종까지 3년 간, 부모님은 그렇게 부부의 보살핌을 받았다. 갈수록 기력이 약해졌던 어머니는 돌아가시기 석 달 전 부터는 곡기도 끊고 물조차 마시지 못하면서 영양주사로 겨우 지탱하였다. 어머니가 자리에 눕고 난 후부터 그는 어머니의 방에 가서 자곤 했다. 어머니 옆에 누울 때면, 초임 검사 시절 하숙방에서 어머니와 나란히 누웠던 기억이 떠올랐다.

'어머니가 나를 얼마나 사랑했던가. 먼 타지에서 쇠약해진 아들을 보살펴준 나의 어머니, 지금은 내 어머니가 쇠약해져 나의 보살핌이 필요하다. 어머니, 제가 더 효도할 수 있게 제 곁에 더 오래 계셔 주세요.'

어머니와의 이별은 어느 순간, 한 낮의 소나기처럼 다가올 것이다. 아들은 어머니가 세상을 떠나는 마지막 날까지, 가슴 속에서 어머니의 숨결을 오래도록 느끼고 싶었다.

2004년 3월 4일, 그는 국무총리실에서 성매매방지기획단 단장으로서 회의를 주재하고 있었다. 그 때 집에서 급하게 연락이 왔다. '어머니께서 곧 소천하실 것 같다'는 것이었다. 순간 그의 가슴은 주체없이 떨렸다. 우선 119에 도움을 요청하도록 했고, 마음을 가다듬고 회의를 주재했다. 결국 그가 회의하던 도중에 어머니는 소천하셨다. 어머니의 소식을 듣자 그의 가슴은 방망이질 치고 눈물이 쏟아질 듯했으나 꾹 참으며 내색을 하지 않았다. 회의를 마치자마자 그는 어머니에게 달려갔다. 곡기와 미음도 끊고 링거를 맞고 누워 계셨지만 이렇게 갑작스럽게 떠날 줄은 전혀 생각하지 못 했다. 최소한 그 해 가을까지는 함께 계실 것으로 생각했기에 그의 마음은 더 아프고 당황스러웠다. 그렇게 초봄에 어머니를 떠나 보냈다.

어머니가 소천하신 후, 서울과 수도권에는 근 100년 만에 3월 폭설이 내려 온 산하가 하얀색으로 뒤덮였다. 때 아닌 3월에 펑펑 내린 눈, 이는 마치 세상이 지각변동을 일으키는 듯 했다. 눈부신 설경 속에서 슬픔을 뒤로 하고 그렇게 어머니를 떠나보냈다. 아버지와 다르게 벽제에서 어머니를 화장으로 모신 후 내려오는데, 어머니가 세상에 대한 미련을 훌훌 털고 하늘나라로 편안히 가신 듯한 느낌이 들었다. 아버지를 산에 매장한 후에 그는 미련이 남은 듯 자꾸 뒤돌아보며 내려왔는데, 어머니를 화장으로 모신 후에는 깃털처럼 훌훌 어머니를 보내드릴 수 있었다.

"어머니의 상례를 무사히 지르고 얼마 후에 아내와 밖에서 식사를 했는데 정말 오랜만이더라고요. 그동안은 어머니를 보살펴야 해서 일요일에도 부부가 함께 외출한다는 건 꿈도 못 꾸었거든요. 제가 뒷산에 갔다 오면 아내는 어머니를 보살피고 있다가 목욕탕에 가는 식이었어요. 아내에게 정말 감사한 게, 신혼 때부터 아버지와 어머니를 모셨거든요. 부부가 밖에서 일하느라 바쁜 와중에도 함께 생활한 부모님에 대한 정이 각별했어요."

그는 아내에게 진심으로 고마움을 전했다. 아버지께서 먼저 자리를 보존하면서 6년간 함께 대소변을 받아냈고, 이후에는 어머니가 누워 계시게 되었다. 맞벌이를 하면서 이 힘든 일을 다 감당하고 견뎌낸 아내에게 항상 고맙고도 미안한 마음이다.

"세상 사람들은 우리 부부에게 효자다, 효부다 하는데 그것은 정말 중요하지 않아요. 남들은 효자라고 하지만, 부모 앞에서는 사실 효자가 없습니다. 세상 일이라는 것이 어렵게 생각하면 한 없이 어렵고, 쉽게 생각하면 또 쉽고 보람이 있습니다. 저는 아버지, 어머니를 모시면서 그분들이 노환으로 자리에 눕게 되고 편찮은 상태에서 돌봐 드린 것을 오히려 대단한 행운이라고 생각합니다. 그것은 경로사상이니, 그런 케케묵은 생각이 아니에요. 노인을 모신다는 것은 사람을 진정으로 사랑하는 일이에요. 제가 청소년 일을 하면서 청소년을 사랑했듯이 사람을 사랑하는 것입니다. 노인이나 청소년이나 다 같은 사람이고, 진정 사람을 사랑하는 법을 배우는 거예요. 연약하고 어려운 이들을 보살피는 방법을 배우는 것이죠. 휴머니즘이 거창한 것이 아닙니다."

부모가 되어 내 아기의 기저귀를 갈아주는 마음과, 자식이 되어 아기로 돌아간 부모의 기저귀를 갈아주는 마음이 같지는 않을 것이다. 하지만 우리가 갓난 아기 시절을 기억하지 못 해도 우리 부모는, 내 어머니는, 기꺼이 우리의 기저귀를 갈아주지 않았는가. 강 대표는 어머니와 여생을 함께 하면서 마음속으로 소원 한 게 있었다고 한다.

"어머니가 어떤 모습이든 제 곁에 계시다는 것이 중요한 것이었어요. 백세까지는 바라지 않고, 그래도 90세만 넘기면 감사하게 여기겠다고 마음속으로 빌었지요. 제 마음이 통한 걸까요? 어머니는 91세 생일, 그러니까 만으로 90세를 넘기고 가셨어요. 어머니가 소천하신 후, 앞으로 더 열심히 살아서, 돌아가신 부모님에게 누를 끼치지 않고 살아야한다는 마음이었습니다."

고인의 추모가 중심인,
아름다운 장례

용서하소서

하늘에 계신 어머님.

지난해 이맘 때 상천(上天)하시자 마자, 무슨 폭설이 그리도 천지를 뒤흔들었는지요. 전국의 고속도로가 온종일 불통되는 대란이 있지 않았습니까. 아침 라디오 생방송과 저녁 TV 토크쇼를 매일같이 진행하면서도 아들은 부고 한 장도 내지 않아, 눈물 한번 비칠 수 없었습니다.

어느 새 1주기. 사무치는 설움에 이렇게 목 놓아 울 수 있는 것은 이제야 현실로 받아들이는 까닭일까요.

용서하소서

저희는 평생을 모신다고는 했지만 제대로 잘 모시지 못하였습니다. 가시는 길목까지도 널리 알리지 않아 성대히 모시지 못하였습니다. 어머니는 1914년 일제강점기에 이 세상에 오셨다가 여성도 배워야 한다며 경성사범에서 수학하셨습니다. 그런데 어떤 집보다 부유하게 살았지만, 독립운동으로 가산을 모두 탕진한 집안의 4대 독자 외아들에게 시집오시면서는 "사람 하나 보고 결심했다"고 늠름하게 말씀하셨다지요. 그리고 연이은 광복과 전쟁, 가난과 독재, 고난의 근현대사 100년 중 90년을 온 몸으로 맞서 오셨지요. 어머니께서 침상에 몸을 뉘인 채 창밖의 동백을 바라보시며 "따옥, 따옥…" 따오기를 부르시던 그 얼굴에서 살아오신 삶의 자취를 읽을 수 있었습니다.

어머니, 그동안 고생 많으셨습니다. 지금은 편안하신지요? 이제 이 세상 저희들에 대한 근심, 걱정일랑 놓으시고 부디 영면하시옵소서. 어머니께서 늘 말씀하신대로 우리는 욕심 내지 않고, 제 할 일들을 열심히 하겠습니다. 남에게 해 끼치지 않고 사랑하는 이웃들과 함께 하겠습니다. 부디 지난 날의 부족했던 점, 너그러이 용서하시고 이제 마음 편히 계시옵소서.

용서하시옵소서

2005년 3월 22일 1주기에 드림

'용서하소서'는 강지원 대표가 2005년 서울 용산 전쟁기념관에서 열린 '아 어머니 展' 전시회에 유품과 함께 냈던 글이다. 마침 1주기를 맞이해 어머니를 생각하면서 글을 썼다. 유품 중에는 어머니가 15세에 직접 수놓았던 자수도 전시돼 있었다. 그는 지금도 어머니의 손길과 숨결이 묻어있는 유품을 소중히 간직하고 있다.

강 대표는 검사 시절인 2001년 '아름다운 혼·상례를 위한 사회 지도층 인사 100인 선언'에 참여했다. 당시에 어머니가 기력이 쇠진하여 누워 계신 상태였고, 아버지의 장례를 치른 후 느낀 바도 있었다. 그래서 간소한 장례 문화를 만들자는 취지에 적극 공감하여 참여하게 되었다.

생활개혁실천협의회 신산철 사무총장은 '아름다운 혼·상례를 위한 사회 지도층 인사 100인 선언'은 우리 사회의 각계각층을 대표하는 지도층 인사들이 우리의 혼례와 상례가 체면치레에 치우쳐 사회의 병폐가 되고 있다는 인식에 공감하고 구체적 개선과 실천을 결의한 것이었다고 했다. 이 선언에는 김수환 추기경, 강영훈 전 국무총리, 고건 서울시장 등 당시 사회지도층 인사들이 많이 참여하였다. 신산철 사무총장은 "특별히 눈에 띈 분이 강지원 검사였는데, 검사라는 신분도 특이했는데 참여한 분들에 비해 젊다는 것도 눈길을 끌었다"고 했다. 결의 사항은 '청첩장 남발하지 않기, 화환, 축의금 사절하기, 호화혼례 주례 맡지 않기, 인쇄물에 의한 부고 보내지 않기, 조화, 조의금 사절하기, 화장 봉안(납골)시설 이용하기'이다.

강 대표는 이 선언 3년 후에 어머니가 돌아가시자 이를 그대로 실천하였다. 갑작스럽게 어머니가 소천하셨지만, 평소의 소신과 선언대로 장례를 모시지고 가족들을 설득하였다. 수의는 어머니가 손수 준비해 놓은 것으로 하였고, 화장을 한 후에 아버지 옆에 모셨다. 처음에 화장이냐, 매장이냐 결정할 때는 가족 간에 의견이 달랐다. 하지만 평소 어머니를 모셨기에 그에게 발언권이 있었고 소신대로 화장으로 모실 수 있었다. 그리고 신문이든 어디든 일체 부고를 내지 않았다. 어쩌다가 알게 된 이들이 전화를 해왔을 때 정중하게 문상을 사양했다.

우리의 장례문화를 보면, 대부분의 사람은 고인을 추모하기 위해서라기보다 상주를 위로하기 위해 상가를 찾는다. '정승집 개가 죽으면 붐비는데, 막상 정승이 죽으면 문상객이 없다'는 이야기가 있다. 허레허식의 우리 장례 문화를 꼬집는 말이다. 강 대표는 상주인 자신이 위로받는 것 보다 고인의 추모가 먼저고 더 중요하다고 생각했다. 따라서 상주를 보러 오는 문상객 보다, 고인을 추모하는 문상객 위주로 장례를 치르기로 결심했다.

"제가 초상을 치르면 저를 아는 사람들이 찾아와요. 사회적 위치와 비중이 큰 사람이라면 많은 문상객들이 찾아오겠죠. 하지만 장례식에서는 고인의 추모가 주가 되어야 합니다. 문상객이 많이 오느냐, 안 오느냐는 전혀 중요하지 않습니다. 어머니께서 91세까지 살다보니 주변에 살아계신 분들이 얼마 없었습니다. 그래서 가족 중심의 장례를 치르게 됐어요. 빈소는 접객실이 없는 세브란스병원에 마련했어요. 조금 불편하기는 해도 장례문화 개선을 위해서도 꼭 필요한 일이었어요."

모친상을 숨기고 간소하게 장례를 치른 사실이 나중에 알려지자 언론은 '노블레스 오블리주'라며 그에게 찬사를 보냈다. 하지만 정작 가까운 주변 사람에게는 욕을 많이 먹었다. 아무에게도 모친상을 알리지 않았더니 "나하고 그런 사이였냐?"며 서운하게 생각하는 지인이 많았다. 예전이나 지금이나 좀처럼 개선되지 않는, 우리 장례 문화의 현주소가 아닐까 한다.

내 어머니 가신 나라
해 돋는 나라

따오기

보일 듯이 보일 듯이 보이지 않는

따옥 따옥 따옥 소리 처량한 소리

떠나가면 가는 곳이 어디메이뇨

내 어머니 가신 나라 해 돋는 나라

구슬픈 가락에 소절 하나하나가 가슴을 울리는 동요
'따오기'다. 이 노래는 강지원 대표가 어머니에게 바치는 '사모곡'이기도 하다. 십 수 년 전, 강 대표는 '어머니의 노래'라는 TV 송년 특집프로그램에 나가 부대에서 어머니를 그리워하며 이 노래를 불렀다. '따오기'는 어머니가 생전에 조용히 혼자 읊조린 노래다. 어머니가 침상에 누워 지내던 어느 날, 그는 방에서 흘러나오는 어머니의 노래를 들었다.

'따옥 따옥 따옥 소리 처량한 소리~ 떠나가면 가는 곳이 어디메이뇨~'

창밖을 바라보며 나지막이 이 노래를 읊조리는 내 어머니. 마치 저 세상을 기다리는 듯한 어머니의 모습에 가슴이 시큰했다. 어머니와의 이별은 머지않아, 받아들여야할 숙명이지만 막상 닥친다면 그 상심이 얼마나 클까. 어머니를 잃는다는 건, 자신의 몸 일부가 빠져나가는 듯한 고통일 것이다. 구슬프게 부르던 '따오기'는 어머니의 마지막 노래가 되었다. 얼마 후, 어머니는 자신이 기다리던 '저 세상'으로 훌쩍 떠나셨다. '따오기'는 그렇게 어머니의 노래이자, 어머니가 사무치게 그리워 질 때면 나지막이 부르는 노래가 되었다.

필자는 연로한 어머니의 건강 악화로 마음이 어두웠다. 어머니는 지난 1년간 수술 후유증으로 거동이 불편해지면서 극심한 우울증에 빠졌다. 특히 혼자 사는 적적함과 외로움을 못 견뎌했다. 자식이 많지만, 가장 오래 같이 살았던 필자에게 의지하는 어머니를 보면서 마음은 답답하고, 어디에 하소연할 수도 없었다. 그러다 우연히 강 대표님에게 어머니 얘기를 하였다.

"제가 언제까지 어머니를 보살펴야하는지 마음이 무겁습니다."
"자네가 어머니를 모실 수 있는 것은 대단한 기회인 거야."
전혀 예상치 못한 답변에 머리를 한 대 맞은 듯 했다. 이는 그의 인품이나 살아온 연륜에서 자연스럽게 나오는 말이었다. 특히 강 대표와 어머니의 이야기를 접하고 나서 필자는 탄식했다. 다른 누구도 아닌 강지원 대표만이 해 줄 수 있는 진심어린 조언이었다.

강 대표는 2010년부터 매년 '한국효문화센터'가 주관하는 '강지원과 함께 하는 세대공감 효포럼'에서 청소년들과 자유로운 토론을 진행해 왔다. 이 포럼은 강 대표가 사회를 보고 200여 명의 청소년들이 모여 주제발표와 자유토론 형식으로 열린다. 지금까지 약 만 명의 학생들이 이 포럼에 참여하였다. 첫 해 열린 '세대공감 효포럼'에서 강 대표는 청소년들에게 이렇게 설파했다.

"자신이 가진 재능을 마음껏 발휘하고 나의 꿈을 이뤄가는 것이 진정한 효의 시작이다. 나 자신을 사랑해야 다른 사람을 사랑할 수 있다. 장애가 있으면 있는 대로, 얼굴이 못 생겼다면 그 못생긴 얼굴까지도 사랑하자. 내가 가진 환경도 사랑해야, 풍만하고 넘쳐나는 아주 위대한 내가 된다."

'한국효문화센터' 최종수 이사장은 "학생들은 강 대표님의 말씀에 공감하면서 모두가 웃고 또 울었다. 강 대표님은 학생 한 명 한 명의 이야기를 꼼꼼히 들어주며 그들을 따뜻하게 안아주었다"고 회고했다. '한국효문화센터'에서는 해마다 5월이면 전국의 학생들이 '세대공감 사랑과 효'라는 주제로 글짓기와 그림, 무용대회 등의 축제를 열고 있다.

강 대표는 포럼에서 "부모와 자식의 바람직한 관계는 부자자효(父慈子孝)"라고 강조했다. '부자자효'는, 말 그대로 '부모는 자애롭고 자녀는 효도하는 것'이다. 강 대표는 효에 대해 "모세의 십계명에도 '네 부모를 공경하라'고 하고, 불교도 '보은을 하는 것이 효도이며 부처님께 하는 공덕'이라 하고, 유교는 무엇보다 효를 강조하고 있다"고 설명했다. 그러면서 유교의 경우, 보완해야 할 다른 의견도 있다고 소개했다. "묵자는 유교적인 효에 대해 지나친 혈연 중시라며 보편적 사랑을 가르쳐야 한다고 주장했고, 노자는 유교가 지나치게 인위적이라고 비판했다"고 했다.

그는 "자녀가 행복할 때 부모가 가장 행복을 느낀다"는 점을 상기시켰다. 또한 강 대표는 "행복한 얼굴을 하는 자녀가 효자, 효녀"라고 강조했다. 그러면서 "부모의 자애로움이 자녀의 행복을 위해 발휘돼야 한다"고 힘주어 말했다.

"부자자효라는 말처럼 부모가 자애로우면 자녀는 저절로 행복해집니다. 행복한 자녀는 부모에게 저절로 효도를 합니다. 자녀가 출세하여 세상에 이름을 떨치는 것이 효가 아닙니다. 자녀의 성공이나 출세가 효가 아니라, 자녀가 행복한 것이 부모에게 하는 진정한 효도입니다. 자녀가 행복할 때 부모 역시 가장 큰 행복을 느낍니다."

그렇다면 부모는 자녀의 행복을 위해 무엇을 해야 할까. 부모는 다른 거창한 것이 아닌, 자녀의 적성을 찾는 데 관심을 갖고 애를 쓸 것을 제안했다.

"무엇보다 본인이 가장 흥미를 느끼고, 잘 할 수 있는 일을 찾아야 합니다. 그러면 자녀는 다른 생각을 하지 않습니다. 자녀는 적성에 맞는 일을 할 때 무엇보다 큰 행복을 느낍니다. 앞으로는 자녀에게 공부해라, 공부 잘 하라고 말하지 말고, 어느 과목을 잘 하느냐고 물어야 합니다. 공부 역시 적성에 맞아야 잘 합니다. 설사 아인슈타인이라 해노, 석성에 맞지 않는 공부를 잘 할 방법은 없습니다."

그는 "자녀의 행복을 원한다면, 먼저 자녀의 적성을 찾아줘야 한다"고 말했다.

"그동안 우리 사회는 '교육'이라는 명목 하에 부모의 생각과 신념을 강요해 왔습니다. 그것은 자녀의 '출세와 성공'만을 위한 일방적 교육이었습니다. 이제는 달라져야 합니다. 바꿔야 합니다. 그래야 우리 자녀들이 삽니다. 자녀의 '적성과 행복' 중심이 되는 교육만이 자녀가 진정 성공하는 길이며, 그 나라에 미래가 있습니다."

'수욕정이풍부지 자욕양이친부대(樹欲靜而風不止 子欲養而親不待)'
'나무는 고요하고자 하나 바람이 그치지 않고, 자식이 부모에게 효도하고자 하나, 부모는 기다려주지 않는다.'

몇 해 전, 필자의 아버지가 돌아가신 후 아버지가 생전에 한자로 썼던 이 글귀를 보고 많이 울었다. 자식은 부모가 돌아가시면 늘 후회하기 마련인가 보다.

'아버지가 살아계실 때, 왜 아버지 손 한번 잡지 않았나, 따뜻하게 말을 건네거나 정다운 대화를 하지 않았나, 아버지에게 '키워주셔서 고맙다'고, '아버지 사랑합니다' 라고 말하지 않았나…'

부모가 돌아가시고 나서야, 비로소 뼈저리게 후회하는 자식이니, 인간은 얼마나 어리석은 존재인가. 이제 와서 아버지에게 사랑한다고 말하고 싶어도, 아버지의 손을 잡고 싶어도, 맛있는 음식을 나누고 싶어도 할 수가 없다. 아버지는 이 세상에 존재하지 않는다.

강지원 대표가 마지막까지 모신 부모님 이야기, 못 다 부른 사모곡, 고인 중심의 장례 이야기를 접하면서 이 글귀의 의미가 더욱 가슴 뭉클하게 다가왔다.

2
장

사랑과 정의

사랑과 정의가 일체될 때, 그것이 '선(善)'

우리는 어릴 적부터 착하게 살아야 한다고 배웠다. 학교에서도 가정에서도 바르게 생활하며 착한 사람이 되어야 했다. 그래서 어른이 돼서도 절대 나쁜 짓을 하면 안 되고, 선하게 행동해야 한다는 인식이 뿌리 깊게 박혀 있다. 그렇다면 '선하다는 것'은 무엇을 의미하는가? 과연 '선(善)이란 무엇일까?'

강지원 대표는 "선(善)이란, 사랑과 정의가 일체가 될 때 비로소 도달할 수 있는 궁극적 가치"라고 해석한다. 단순히 사랑한다고 하여 모두 선(善)이 아니며, 또한 정의라고 하여 모두 선(善)이 아니다. 왜 그런 것일까? 이는 사랑한다고 하지만, 실제로 선이 아닌 사랑도 많이 있으며, 정의라고 하지만 선이 아닌 정의도 많은 까닭이다.

"사랑에는 당연히 선한 사랑이 있습니다. 그렇지만 남이 아닌 자기편만 사랑한다거나, 자기에게 잘 해주는 사람이나 자기 마음에 드는 사람만 사랑하는 경우도 있습니다. 이것을 선한 사랑이라고 할 수 있을까요? 이는 어디까지나 편파적인 사랑, 편협한 사랑, 지나친 사랑입니다. 따라서 이는 정의로운 사랑이라 할 수 없고, 나아가 선한 사랑이라고 할 수 없습니다. 정의에도 당연히 선한 정의가 있습니다. 그렇지만 상대에 대한 배려나 위로가 없거나, 서로가 자기주장만 올바른 정의라고 외친다면 이것을 과연 선한 정의라고 할 수 있을까요? 각자가 적대감에 빠져 싸움만 일삼는다면, 이는 지나치게 차갑고 냉정하기만한 정의이고 남에게 상처를 주는 정의입니다. 따라서 이는 사랑이 담긴 정의라 할 수 없고, 나아가 선한 정의라고 할 수 없습니다."

최근 경기 과천교육도서관에서 강 대표는 '효란 무엇인가?'라는 강연에서 '부모의 사랑에도 정의가 있어야 한다'고 주창하였다. 그는 청중에게 질문을 던졌다.

"어느 아버지가 아들에게 공부하지 않고 딴 짓만 하고 다닌다고 회초리를 들고, 어느 어머니는 휴대전화를 그만 쓰라고 심한 잔소리를 합니다. 이 부모는 자녀를 제대로 사랑한 것일까요? 또한 이 아버지의 아들은 반항하면서 물건을 집어 던지고, 이 어머니의 딸은 집을 나가버렸습니다. 그럼 이 자녀들은 부모를 제대로 사랑한 것일까요?"

그는 "서로 사랑하는 가족임에도 이처럼 선뜻 마음에 들지 않는 결과가 나타나는 경우가 있는데 그 이유는, 바로 사랑에 정의가 빠져 있기 때문"이라고 말했다.

여기에서 정의란, 단순히 '사회적 정의(justice)'라기 보다는, 보다 넓은 의미의 '도덕적·인류애적 정의(righteousness)'이다. 아버지의 회초리에는 아무리 사랑한다고 해도 '폭력은 안 된다'는 정의가 무시되었고, 어머니의 잔소리 역시, 아무리 사랑한다 해도 '자녀에 대한 이해가 결여'됐기에 정의가 빠져 있다.

"지금 내가 하고 있는 사랑이 과연 올바른 사랑인가? 내가 하는 사랑의 행동은 올바른가? 늘 되짚어 보고 반성해야 합니다. 사랑에도 잘못된 사랑이 있습니다. 사랑과 정의가 모두 담겨 있어야 선한 행동입니다."

다시 강조하자면 사랑과 정의, 이 두 가지가 모두 있어야 그 행동이 선한 것이다.

최근 대구 매일탑리더스 아카데미에서 '정의란 무엇인가?'를 주제로 열린 강연에서 강 대표는 '정의'의 개념에 '사랑'을 더할 것을 제안하며 "사랑이 결핍된 정의는 반쪽짜리"라고 말했다. 그는 "오늘날 정치권을 비롯해 사회 각계각층에서는 스스로의 주장만이 정의라고 주장하며 다툼이 이어지고 있는데, 이것이 과연 '선한 정의'인지 다함께 생각해보는 시간을 가졌으면 한다"고 말문을 열었다. '정의(正義)'의 사전적 뜻은, 사회나 공동체를 위한 옳고 바른 도리다.

"상대가 내 오른뺨을 때렸을 때, 내가 왼뺨을 내민다면 정의인가? 자녀가 공부를 하지 않고 친구들과 나쁜 짓을 하고 다녔을 때 회초리를 들어 심하게 체벌하는 게 정의인가? 선의의 거짓말은 정의인가? 고통 받는 사람의 안락사를 돕는 것은 과연 정의인가?"

그는 이 같은 문제에서 '정의'에만 집중한다면 온전한 판단을 내리기 어렵다고 지적했다. 일례로 고통받는 사람의 연명 치료를 중단한다고 할 때, 그저 옳고 그름에만 집중한다면 온전한 판단이 나오지 않는다. 행위 자체보다, 고통 받는 사람에 대해 사랑을 대입시켜 판단한다면, 보다 온전한 결정을 내릴 것이라고 말했다.

여기서 사랑이란, 남녀 간의 '에로스(eros)적 사랑' 차원이 아니라, 차원이 높은 사랑, 궁극적 사랑인 '아가페(agape)적 사랑'을 의미한다.

"모든 문제는 사랑이나 정의에만 집중할 것이 아니라, 보다 넓고 포괄적인 의미에서 서로 조화시켜 판단해야 합니다. 편파적 사랑은 정의가 결핍된 것이며, 차가운 정의는 사랑이 결핍된 것입니다. 사랑과 정의 중 어느 하나가 결핍됐을 때 종국에는 '선(善)'을 놓치게 됩니다. 사랑과 정의가 결합해 조화를 이룰 때 온전한 가치가 나오는 것입니다."

그는 "사랑이 없는 정의는 선(善)이 아니며, 반대로 정의가 없는 사랑도 선(善)이 아니다. 사랑과 정의가 일체가 될 때, 그것이 바로 선(善)"이라고 강조하였다.

강 대표가 지금까지 해왔던 모든 사회 운동은, 공동체를 향한 것이었다. '사회 운동가'로서 그의 활동은 궁극적으로 '공공의 선(善)'을 찾아가는 과정이다. 그는 "공동체는 '공공의 선(善)'을 찾아가야 한다. 즉, 선(善)의 정치, 선(善)의 경제, 선(善)의 사회, 선(善)의 문화, 선(善)의 세계를 지향해야 한다"고 말한다. 이는 궁극적으로 공동체의 사랑과 정의를 찾아가는 길이다. 그래야 공동체로서 존재 가치와 의미가 있다.

'정의'가 아닌 '사랑',
'사랑'이 없는 '정의'

부모의 사랑은 '사랑'이라는 이름으로 행해지는 온갖 행동이 아니다. 그 중에는 진정한 사랑이 아닌 경우가 많다. 정의가 빠진 것이다. 따라서 '선(善)'도 아니다. 허구한 날 '자식을 위하는 일'이라며 공부하라고 지나치게 잔소리를 해대거나, 더 나아가 폭언을 하고 또 '사랑의 매'라는 허울 좋은 핑계로 자녀에게 폭력을 가하는 일도 여기에 해당한다.

"부모라면 스스로 자녀를 진정으로 사랑하고 있나, 내가 하는 행동이 올바른가를 돌아봐야 합니다. 맹목적인 사랑은 진정한 사랑이 아닙니다. 엄연히 따지면 사랑에도 잘못된 사랑이 있습니다. 사랑과 정의가 모두 담겨 있어야 합니다. 이것이 바른 행동이자 선한 영향력입니다. 이러한 가운데 자신이 하고 싶어하고 잘할 수 있는 일을 하면서 행복을 느끼는 자녀에게서 부모는 진정한 행복을 얻습니다."

강 대표는 우리 사회 곳곳에 갈등이 심화되는 상황은 결국 '사랑'이 부족한 경우에서 기인한다고 언급했다.

"간혹 어떤 사람의 입에서 좋은 말이 나오는지, 아니면 독한 말이 나오는지 살펴보세요. 반대로 평상시 내 입에서는 어떤 말이 나오는지 돌아보고요. 말이라는 것은, 나도 모르게 가시가 되어 상대방의 가슴을 후벼 파고 상처를 주는 경우가 많습니다. 한번 내뱉으면 주워 담지 못하는 게 말입니다. 사랑과 정의가 하나 될 때 '선'이 된다고 했습니다. 상대방을 존중하고 사랑하는 마음을 가지면 입에서 나오는 말 자체가 순화되어 나옵니다. 이는 일상에서 '선'을 행하는 것입니다."

사랑은 어느 날 불현듯 찾아오기도 한다. 만약에 어떤 사람을 사랑하게 됐다고 하자. 그런데 상대방은 가정이 있는 사람이다. 그렇다면 당신은 어떻게 하겠는가. '사랑'이라는 감정은 있지만, '유부남이나 유부녀는 안 된다'는 '정의' 사이에서 갈등한다. 강 대표는 이에 대해 이렇게 말했다.

"누군가는 이를 '사랑'이라고 하겠지만, 이것은 전형적인 잘못된 사랑입니다. 이것이 '아가페(agape)적 사랑'입니까? 예수나 석가모니라면 이런 사랑을 할까요? 사람에게는 감정을 조절하는 능력이 있습니다. 나쁜 감정을 포기하는 것이야말로 선한 사랑이 작용하는 것이며 진정한 사랑인 것입니다. 가정이 있는 사람을 사랑하는 것은 한마디로 '에로스(eros)적 사랑'이며 육체적이고 타락한 사랑입니다. '사랑'이라는 허울 좋은 명목으로 그 틀에 넣은 것뿐입니다."

강 대표는 "일반적으로 우리가 말하는 사랑은 '아가페(agape)적 사랑'이며 선한 사랑"이라고 말한다. 다시 말해 '아가페(agape)적 사랑'은 대단히 차원이 높은 사랑이다. 앞서 나왔듯 '사랑과 정의가 일체될 때 선'에서 나오는 사랑이 바로 '아가페(agape)적 사랑'인 것이다.

'사랑과 정의'에 대해 기독교와 유교에서는 어떻게 다루고 있을까. 먼저 기독교의 관점에서 보자. 성경에도 나오듯이 예수님은 "네 이웃을 내 몸과 같이 사랑하라, 서로 사랑하라, 원수를 사랑하라"고 하셨다. 기독교에서는 유독 '사랑'을 강조하지만, '사랑의 하나님'이 있는 반면 '공의의 하나님'도 있다. 다시 말해 '사랑'만 존재하는 것이 아니라 의로움, 즉 공의(公儀)의 하나님이 계시는 것이다. 성경에도 '하나님의 의(義)'가 무엇인지 알아가는 내용이 무수히 나온다. 만약 인간이 죄를 지으면 공의의 하나님이 벌을 내리신다. 다만 하나님께서는 '사랑'으로 '벌'을 주신다. 즉 하나님은 의를 집행하면서 사랑으로 하신다. '사랑과 공의'가 함께 하는 것이다. 이는 '사랑과 정의가 일체됨'을 뜻한다. 유교에서는 '인(仁)과 의(義)'가 나오는데, 이것 역시 지금의 '사랑과 정의'와 같은 맥락이다. 공자는 '인(仁)'을 강조하였지만 '의(義)'도 동등하게 강조했다. 이는 '사랑과 정의가 일체됨'을 의미한다.

언제부턴가 정치권을 중심으로 폭넓게 통용되는 신조어가 있다. 바로 '내로남불'이다. 우리 사회에서 관용어로 굳어진 '내로남불'은 같은 사안을 이중 잣대로 보는 것이다. 즉 내가 하면 로맨스이고, 남이 하면 불륜이 되는 것이다. 자신에게는 너그럽고 관대한 반면, 타인에게는 엄격한 도덕적 잣대를 들이민다. 정치권에서는 지금도 서로가 '내로남불'이라고 싸운다. '내로남불'에서 말하는 '사랑'은 '정의'가 결여됐기에 '선'이 아니다.

세상에는 사랑이라는 이름으로 둔갑하는 것들이 무수히 존재한다. 체벌, 아동학대, 집착, 데이트 폭력, 불륜, 스토킹 등 지금도 '사랑'이라는 명목 하에 그것을 허울 좋게 '사랑'이라고 하면서 저지르는 잘못된 행태들이 여전히 많다. 우리 사회와 법조계에서 이에 대한 경각심을 갖고 더욱 관심을 기울여서 '사랑'이라는 가면을 쓴 이런 병폐들을 사라지게 해야 한다.

한 남자가 어떤 죄를 저질러서 법정에 섰다. 검사는 피고인인, 이 남자의 죄의 경중을 따져 구형을 하고, 판사는 이 피고인에게 적절한 처벌 수위를 정한 후 법정에서 선고를 내린다. 집행유예, 유기징역, 무기징역, 사형까지 우리나라 법이 허용하는 양형기준에서 피고인의 형량이 정해진다. 물론 무죄도 존재한다. 이 때 검사, 판사, 대법관 등 법을 집행하는 법조인은 '정의'를 우선적으로 따지기 마련이다. 죄에 따라 최적의 선고를 하는 것이 '정의'이다. 그런데 엄숙하고 비정해 보이는 법정이지만, 여기에 '정의'만 있는 것은 아니다. 예컨대 '법에도 눈물이 있다. 죄는 미워하되 사람은 미워하지 마라'는 말처럼 여기에는 '사랑'이라는 가치도 존재한다.

어떤 사람이 상습적으로 타인의 재산을 갈취하고 상해까지 입혔다고 해보자. 그는 법정에서 징역 10년을 선고받았다. 법과 정의에 따라 그 범죄에 상응하는 죗값을 치르는 것은 당연한 일이다. 그런데 여기서 한번 짚고 넘어가 보자. 피고인에게 징역 10년을 선고하고, 감옥에 10년 간 가둬두는 것만이 온전한 '정의의 역할'이라고 할 수 있을까. 만약 이 사람이 죄를 뉘우치거나 반성하지 않고 단지 10년간 옥살이 한 후, 사회에 나와서 또다시 범죄를 저지른다면 과연 이를 '최선의 재판, 최선의 집행'이라 할 수 있을까? 강 대표는 "이것은 한마디로 '선이 아닌 정의'다. 이 '정의'에는 '사랑'이 빠져있기에 '선이 아니다'라고 말한다.

"하나님께서는 사람에게 벌을 주시되, 사랑으로 벌을 내립니다. 즉, 하나님은 사랑으로 처벌을 합니다. 이것이 인간의 재판관과 하나님이 다른 것입니다. 만약 법정에서 재판관이 '정의'에 더해 '사랑'으로 판결한다면, 우리 법정에는 정의와 함께 사랑과 눈물이 자리할 것입니다. 재판관은 피고인이 자신의 잘못을 뉘우치고 반성하도록, 눈물이 펑펑 쏟아지도록 '사랑'을 담아 재판을 하고 선고를 하는 것입니다. 즉 선고를 하더라도 그 과정이나 결과에 '사랑'이 포함되는 것이죠. 형의 집행도 사랑과 정의로 집행되어야 합니다. 그래서 진정으로 반성하고 참회한 피고인이 죗값을 치르고 감옥에서 나올 때는 새사람이 되는 것입니다. 이는 우리 사회의 안전을 위해서도 꼭 필요한 일입니다. 또한 이것이 '법에도 눈물이 있다'는 것을 보여주는 것입니다. 이처럼 정의에 사랑을 더하는 법집행은 우리 법조인이 해야 할 과제입니다."

강 대표의 말처럼 우리 법정에서 피고인이 눈물을 흘리며 회개하도록 기회를 만들어 주는 것이 필요하다. '정의'로 판결하되 그 피폐한 마음을 위로하면서 '사랑'이라는 따뜻한 손길을 내미는 것이다. 만약 재판관이 지나치게 옳고 그름만 따지면서 피고인에게 무섭게 호통치기만 한다면 그는 과연 반성하고 참회할까? '법에도 눈물이 있듯이' 정의에 사랑을 가미해 판결한다면, 피고인은 스스로 반성하면서 참회하는 계기가 될 것이다. 죄인(피고인)에 대해 사랑을 담는다고 해서 무조건 형량을 감량하는 것이 아니다. 재판과 집행 과정에서 사랑을 담는 것이다.

"요즘 사람들이 '법대로 하라'고 하면서 정의만 주장하는데, 여기에는 중요한 '사랑'이 빠져있습니다. 옳고 그름을 따지되, 사랑을 바탕에 깔고 따져야 합니다. 상대방에 대한 사랑과 이해 없이 각자가 옳다고만 주장하면 싸움밖에 일어나지 않습니다. 사랑이 결여된 정의는 '선'이 아닙니다."

지금도 우리 사회는 내 편과 네 편이 갈라져 있고, 서로 내 편의 주장만이 정의라고 외치고 있다. 이것은 선(善)이 아니다. 내 편이 옳다고 하면서 정의를 내세우지만, 이것은 사랑이 빠졌기 때문에 '결핍된 정의'이다.

"요즘도 정치권에서 서로가 자기주장이 옳다고 싸웁니다. 어떻게든 이기겠다는 욕망과 경쟁의식만 있습니다. 상대방을 배려하는 마음이나 사랑이 없으니, 이는 선이 아닙니다."

그는 "사랑이 없는 자기주장은 공허한 메아리일 뿐"이라며 "지금 우리 사회에서 진정으로 필요한 것이 무엇인지, 공공을 위하는 '선(善)'이 무엇인가 생각해 볼 필요가 있다"고 말했다.

선한 사랑, 선한 정의의 지점이
'최상의 행복'

유독 '사랑과 정의'에 관한 글을 쓰면서 필자는 궁금한 것들이 꼬리를 물고 생겨났다. 글을 쓰면 쓸수록 내용을 알면 알아갈수록 '사랑과 정의'가 고차원적인 주제라서 의문점이 이어졌다. 그래서 강지원 대표님을 귀찮게 할 정도로 집요하게 질문을 해댔다. 평소 궁금하면 못 참는 성격이라, 수시로 전화해서 물어보고 때로는 노트북을 들고 자택 부근 카페에 찾아가 질문을 하기 시작했다.

"굳이 두 가지를 비교하자면 사랑이 중요한가요? 정의가 중요한가요? 만약 사랑과 정의가 부딪힐 때 어떤 것을 우선시해야 하나요?"

글쓰기를 떠나, 필자는 '사랑과 정의'의 실체가 무엇인지, 우리 세상에서 '사랑과 정의'를 어떻게 인식하고 적용해야 하는지 궁금했고 답을 알아가고 싶었다. 나아가 선의 가치와 참된 행복의 길을 찾아가고 싶었다. 강 대표님은 필자가 물어볼 때마다 성가실 법한데도, 좋은 질문이라며 성심성의껏 답변을 해주셨다.

"사랑과 정의가 일체될 때, 선(善)이라고 하셨는데, 그렇다면 '절대선(絶對善)'의 가치는 무엇인가요?"

"인간은 모름지기 사랑과 정의가 일체되는 조화의 길을 찾아야 합니다. 사랑과 정의가 일체를 이루려면, 사랑은 정의로운 사랑이어야 하고 정의는 사랑 가득한 정의여야 합니다. 선(善)한 사랑이 곧 선(善)한 정의이고, 선(善)한 정의가 곧 선(善)한 사랑이 됩니다. 선(善) 사랑과 선(善) 정의는 한 가지의 똑같은 결론이 됩니다."

강 대표에 따르면, 정의로운 사랑은 곧 선(善)한 사랑이며, 사랑 가득한 정의는 곧 선(善)한 정의가 되는 것이다. 이것이 하나가 될 때 비로소 심신의 근본적 원형이 되는 온전한 가치이자, 절대선이 이루어지는 것이다. 강 대표는 "이를 위해서는 두 가지가 충만해야 한다"고 말한다.

"첫째는 나의 몸과 마음이 사랑으로 충만해야 합니다. 내 안에 사랑이 충만하면 스스로가 자신을 사랑하고 타인을 사랑하며 나아가 세상의 모든 것을 사랑하게 됩니다. 그런데 아무런 사랑이나 다 되는 것이 아닙니다. 비뚤어진 사랑, 편파적인 사랑, 이기적인 사랑, 지나친 사랑, 형식적인 사랑은 안 됩니다. 즉 잘못된 사랑, 그릇된 사랑, 올바르지 않은 사랑, 정의롭지 않은 사랑은 '선(善)한 사랑'이 아닙니다."

그는 "예컨대, 부모가 여러 자식이나 배다른 자식 중에서 특별히 한두 아이에게만 차별적으로 베푸는 사랑, 유부남이나 유부녀가 다른 이성과 바람을 피며 애욕에 휩싸여 고백하는 사랑, 정파적 대립 관계에서 자기 편 인사에게만 특별히 배려하는 사랑, 공평한 수준을 벗어나 자기 편이라고 해서 특정인에게 떡 하나를 더 주는 사랑 등이 여기에 해당한다. 사랑은 오로지 정의로운 사랑이어야 하며, 이것이 선(善)한 사랑이다. 모든 것을 올바르게, 정의롭게 하는 사랑이어야 하는 것"이라고 밝혔다.

"둘째는 나의 몸과 마음이 올바름, 즉 정의로 충만해야 합니다. 내 안에 정의가 충만하면 자신은 물론, 타인이나 세상의 모든 것에 대해 정의를 구현하게 됩니다. 그런데 마찬가지로 그 정의는 아무런 정의나 다 되는 것이 아닙니다. 적대적인 정의, 싸움질하는 정의, 증오에 찬 정의, 미워하는 정의, 상처 주는 정의, 갈등하는 정의, 이기적인 정의, 냉소적인 정의는 안 됩니다. 이처럼 차가운 정의, 싸늘한 정의, 매정한 정의, 사랑이 없는 정의는 '선(善)한 정의'가 아닙니다."

그는 "예컨대, 정치권 모리배들이 제 잇속을 위해 자기주장만이 옳다며 목소리를 높이는 정의, 폭력배나 깡패들이 이권을 챙기기 위해 악을 쓰며 제 몫을 내세우는 정의, 사기꾼들이 남을 속이기 위해 교묘하게 포장하는 정의 등이 여기에 해당한다. 정의는 오로지 사랑 가득한 정의여야 하며, 이것이 '선(善)한 정의'이다. 모든 것을 사랑으로 따뜻하게 포용하고 감싸 안아주는 정의여야 하는 것"이라고 덧붙였다.

어릴 시절, 뭔가 착한 일을 하면 왠지 뿌듯했던 기억이 있을 것이다. 부모님이나 주변 사람에게서 칭찬받지 않더라도, 스스로의 마음에서 우러나는 기쁨과 행복이 있었다. 이는 성인이 돼서도 다르지 않다. 강 대표는 "선(善)은 곧 행복"이라고 말한다. 그 전까지 필자는 선과 행복은 별개라고 생각했다.

'착한 일을 했다고, 선한 행동을 했다고 나에게 떡이 생기나? 돈이 생기나? 뿌듯한 감정은 있었지만 행복까지 느끼진 못 했는데 선이 곧 행복이라니…'

강 대표는 "선하다는 것은 기독교에서 말하는 하나님의 섭리이고, 불교에서 말하는 해탈의 경지일 것인데, 그것은 곧 최상의 행복을 일컫는다"고 말한다. 그래서 "선은 곧 행복"이라고 단언한다. 나아가 "선을 통해 느끼는 행복은 통상적인 행복이 아니라, 선한 행복이자 보다 고차원적인 행복"이라고 한다.

인생의 궁극적인 목적은 행복이라고 한다. 우리는 하루에 얼마만큼 행복을 느끼며 살아가고 있을까? 어떤 경우에 행복을 생각하며 어떤 상황에서 행복을 자주 느끼는가. 행복은 저마다 느끼는 정도가 다르고 인식과 관점도 다르다. 아주 작은 것에서도 행복을 느끼는 사람이 있는 반면, 남들이 봤을 때 많이 가지고도 행복하지 않은 사람도 있다. '삶의 궁극적 목적이라는 행복', 이 행복을 어디에서 찾아야 할까?

강 대표는 "행복은 통상적인 행복과 고차원적인 행복으로 구분할 수 있다"고 한다. 그렇다면 우리가 흔히 아는 행복은 통상적인 행복일까? 고차원적인 행복은 무엇을 의미하는가?

"대개 사람들이 행복을 돈에서 찾는 경우가 많습니다. 돈을 많이 벌면 행복할 것이라고 생각해 돈에서 행복을 찾습니다. 또 어떤 사람들은 권력이나 사회적 지위에서 찾습니다. 권력을 많이 움켜쥐면 행복할 것이라 여기면서 권력에서 행복을 찾습니다. 아니면 명예나 명성, 인기에서 찾기도 합니다. 그래서 돈이나 권력, 명예, 인기 등의 획득이나 상실에 따라 흥망성쇠(興亡盛衰)와 길흉화복(吉凶禍福)이 갈리고, 그때마다 희로애락(喜怒哀樂)에 빠집니다. 흥(興)하거나 성(盛)하거나 길(吉)하거나 복(福)이 있다고 하면 행복하다고 생각하고, 반대로 망(亡)하거나 쇠(衰)하거나 흉(凶)하거나 화(禍)가 있다고 느끼면 스스로가 불행하다고 느끼는 것입니다."

강 대표는 "자신이 원했던 일이 생기면 행복감을 느끼고, 원했던 일이 발생하지 않거나 원하지 않던 일이 생기면 불행을 느끼며, 또 일에서 성공했다고 하면 행복을 느끼고, 반대로 성공하지 못했다고 하면 불행을 느낀다. 대부분의 사람은 그렇게 생각하고 거기에서 행복을 찾는다. 전형적인 통상적 의미의 행복"이라고 설파했다.

통상적 의미의 행복은, 좋은 일이나 운수 좋은 것, 만족, 기쁨, 흐뭇함, 안녕, 평안, 안락함 등을 요소로 갖고 있다. 우리는 대개 이러한 통상적인 행복을 추구하고, 이런 요소들이 있어야 행복하다고 생각한다. 하지만 좀 더 차원을 높여보자. 이제는 이러한 통상적 행복이 아닌, 보다 수준 높은 행복을 찾아야 한다.

예를 들어 좋은 일이 아닌, 나쁜 일이라고 하는 것이 발생했을 때도 행복하다고 느끼는 것이다. 비록 나쁜 일이라 하더라도, 분노하거나 슬퍼하지 않고 오히려 이것도 행복이라고 생각하는 것이다. 다시 말해, 좋은 일이든 나쁜 일이든, 어떤 일이 발생해도 이것들은 사실상 행복과는 상관이 없고 언제 어디서나 항상 행복하다고 생각하면 되는 것이다. 중요한 것은, 지금 이 순간 여기에서, 변함없이 행복하다는 것이다. 좋은 일이 발생했을 때 기뻐함(喜)이나 즐거워함(樂)뿐 아니라, 나쁜 일이 발생했을 때 화냄(怒)이나 슬퍼함(哀)에 지나치게 빠지지 않는다면, 그것이 진정한 '행복'이 아니겠느냐는 것이다.

그렇다면 보다 수준 높은 행복은 어디에서 찾아야 할까? 강 대표는 "적어도 돈과 권력, 명예, 인기 등의 획득은 아니다"라고 단언한다.

"우리네 삶의 주체가 무엇인가 생각해 보아야 합니다. 돈과 권력, 명예 등은 우리 삶에 수단과 도구 중에 하나로, 그저 우리에게 수시로 들락거리는 획득의 대상에 불과합니다. 이것들을 추구하는데 몰두하다 보면, 욕망과 탐욕만 커질 뿐입니다. 오히려 이러한 욕망과 탐욕을 내려놓아야 비로소 높은 수준의 행복의 길이 보일 것입니다."

우리네 삶의 주체는 무엇일까? 그는 "우리네 삶의 주체는 나 자신의 심신"이라고 말한다.

"나 자신의 심신은 주체적으로 나 자신의 근본적인 원형이며, 온전한 심신의 가치를 추구하는 존재입니다. 삶의 도구에 불과한 욕망을 추구하는 존재가 아니라, 삶의 주체로서 심신의 근본적인 원형의 가치를 추구하는 존재인 것입니다."

돈이나 권력, 명예, 인기 등이 자신을 저절로 행복하게 해줄 것이라고 생각하는 것은 오산이다. 그것들은 삶의 주체인 나 자신이 아니라, 나를 둘러싸고 있는 물량적 도구나 객체에 불과하다.

행복은 수단이나 방법에 불과한 이런 것에서 나오는 것이 아니다. 먼저 욕망과 탐욕을 비우고 내려놓은 데에서 나타나는 것이 행복인 것이다. 나아가 흔들리지 않는 심신의 온전한 가치를 찾아야 한다. 그것이 내 몸과 마음이 항상 행복한 길을 찾는 것이다. 한마디로 '초월의 경지'다. 온갖 욕망과 탐욕, 곧 '악(惡)'의 요인으로부터 벗어나는 것이다. 따라서 심신의 근본적인 원형의 가치는 당연히 '악(惡)'이 아닌 '선(善)'이다.

"나의 몸과 마음이, 정의로운 사랑과, 사랑 가득한 정의가 일체되는 길을 찾는 것이 곧 선(善)을 찾는 길입니다. 그것이 곧 행복을 찾는 길입니다. '절대선(絶對善)의 나'를 찾는, 내 몸과 마음의 '선행복(善幸福)'이야말로 최상의 행복입니다."

강 대표는 "내가 진정 행복하려면, 사랑과 정의의 가치가 하나로 조화를 이루는 지점, 정확히 일체가 되는 지점을 찾아야 하며 그것은 곧 선한 사랑과 선한 정의의 지점"이라고 한다.

'애기애타(愛己愛他)', '자리이타(自利利他)'

자기 자신을 사랑하는 것은 모든 사랑의 기본이다. 자기를 사랑하지 못 하면 타인도 사랑하지 못 한다. 자기에 대한 사랑으로 충만한 사람에게는 사랑의 경계가 없다. 타인과 사랑을 주고받는 가운데 공명을 낳는다. 즉 '애기(愛己)'가 '애타(愛他)'로 번지면서 세상은 '공애(共愛)'로 넘쳐나는 것이다. 강 대표는 "다른 사람을 사랑하는 이타적인 마음은, 자신의 상처를 먼저 찾아내고 치유하는데서 출발한다"고 한다.

누구에게나 마음속에 크고 작은 상처가 있기 마련이다. 그는 서울대 졸업, 사법고시 합격 후 검사, 변호사 등 선망 받는 일을 해오면서 겉으로는 이렇다 할 상처 없이 평탄하게 살아온 것으로 보인다. 하지만 그는 사법고시를 수석으로 합격하고도 정작 합격증 수여식에 부모님에게 알리지 않고 혼자서 갔다. 그 이유는, 어릴 적에 꾸중을 많이 한 어머니에게서 상처를 받았다고 생각했기 때문이다. 나중에서야 자신이 굉장히 잘못 생각했구나, 많이 후회하고 반성했다. 그는 "스스로의 마음에 집중해 상처를 찾아낸다면, 타인을 이해하고 사랑으로 보듬는 데 도움이 된다"고 조언했다.

"초임 검사 시절 비행청소년을 만나면서 그때 '내 안에도 이런 문제가 있구나' 하는 것을 많이 느꼈습니다. 그때부터 생각이 변하기 시작했어요. 유독 자신의 입장을 강변하는 사람들을 보면, 그 사람의 상처 때문인 경우가 많습니다. 자신이 좀 과격한 행동을 하거나 감정이 격해질 때, '너 자신을 알라'는 소크라테스의 말처럼 스스로의 내면을 살펴봐야 합니다. 그러다보면 스스로의 상처가 보이고 상처를 치유하는 과정에서 타인을 이해하게 될 것입니다."

강 대표는 "사랑은 전염성을 가지고 있어, 그 화살이 날아가면 받는 사람도 마음에 울림이 일어난다"고 하면서 "만일 그 상대가 콘크리트 벽이라고 하면 사랑은 울리지 않을 테지만 상대가 사람이라면 사랑의 화살은 공명을 일으키며 다시 메아리 되어 자신에게 되돌아온다"고 말했다.

"사랑을 주고받는 이들의 공통점은 이미 사랑으로 충만해 있다는 것입니다. 그들은 넉넉한 사랑을 상대에게 베풀고 나누고자 합니다. 사랑을 나누는 이들의 공통점은 '애타(愛他)' 이전에 '애기(愛己)'로 충만해 있다는 사실입니다. 먼저 자신을 소중하게 여기고 자신을 있는 그대로 사랑하는 이들이 다른 사람도 적극적으로 사랑하는 것입니다."

'애기애타(愛己愛他)'는 도산 안창호 선생이 애용한 말이다. 도산은 독립운동에 일생을 바친 교육자이며 사상가다. 도산은 "우리 민족 한 사람, 한 사람이 '애기애타'의 정신을 바탕으로 단결하여 신민(新民)으로 거듭나고, 모든 이념과 사상 등의 차이를 극복해 대동단결한다면 우리 민족은 반드시 독립을 이룰 것"이라고 설파하였다. '애기애타'는 강 대표도 애착을 갖고 사용하는 용어다. 또한 이는 불교에서 말하는 '자리이타(自利利他)'와도 같은 맥락이다.

자신을 사랑한다는 것, 말은 쉬워 보이지만 자신을 제대로 알고 사랑한다는 것은 쉬운 일이 아니다. 이것의 본질은 자신의 장점 뿐 아니라 단점까지 받아들이고 사랑하는 것이다. 예를 들어 자신의 어려운 가정 형편, 특별할 것 없는 외모, 소심한 성격, 쥐꼬리만한 월급 등 자신을 둘러싼 것이, 설사 단점이나 약점이라도 있는 그대로 사랑하라는 것이다.

"자신을 사랑한다는 것은 바로 '부족한 자신을 사랑하는 것', 곧 자기 자신을 '있는 그대로 사랑하는 것'을 말합니다. 자신의 여러 가지 어려운 사정까지 사랑하는 것입니다. 만약 장애를 가지고 있다면 그 장애까지도 사랑하는 것입니다. 단지 내가 앞으로 잘 되었으면 좋겠다는 생각에서 나를 사랑한다면 그것은 막연한 희망사항에 불과합니다. 조물주는 한 사람에게 오복을 다 주지 않는다고 합니다. 그래서 누구나 '가진 것'이 있고, '가지지 못한 것'도 있습니다. 재력은 가졌으나 건강을 갖지 못한 사람, 학식을 가졌으나 재력을 가지지 못한 사람도 있습니다."

그는 "있는 그대로 자신을 사랑한다는 것은 '자신이 가지지 못한 것'까지도 사랑하는 것을 의미하며, 이것이 진정한 사랑"이라고 말한다. 가난, 멸시, 실패, 실연, 이혼, 질병, 장애, 애정결핍 등 그것이 혹여 상처가 될지라도 있는 그대로 사랑하라는 것이다.

그는 "타인에 대한 사랑은 타인이 나의 확대선상에 있다고 생각할 때 가능한 일이며, 남의 일이 나와 동떨어진 일이 아니라고 생각할 때 가능하다"고 말한다. 따라서 가족, 연인, 친구의 경우는 누구나 쉽게 사랑이 전해진다. 반대로 거리가 멀수록, 즉 나와 별 상관이 없는 타인을 사랑하기란 매우 어려운 일이다. 사실상 타인은 물론, 내 주변의 사람을 살뜰히 챙기고 사랑하기란 쉽지 않은 일이다.

"나와 거리가 멀다고 느끼는 타인은 관심 밖의 사람입니다. 더구나 그들을 사랑하기란 매우 어려운 일입니다. 하지만 '사랑'을 아주 거창하게 생각하기보다, 내 이웃과 타인에 관심을 기울인다고 생각하면 또 다른 느낌이 듭니다. 길을 잃은 아이, 가출한 청소년, 집 없는 노숙인, 돌봐줄 사람 없는 독거노인 등 소외받고 약자인 이들에게 까지 관심을 확대하면 사랑의 크기가 각별하게 다가옵니다. 나와 별로 상관없어 보이는 '타인'이라는 존재가 실상 나에게 어떤 의미가 있는지, 톨스토이의 말처럼 '타인 또한 자기 자신임을 깨닫는' 경지에 이르려면 어떻게 해야 하는지 스스로 탐구해야 합니다."

그는 무엇보다 청소년을 사랑했기 때문에 청소년 문제에 적극적으로 뛰어들었다.

"제 자신이 먼저 청소년을 사랑하는 마음이 없었다면 그토록 청소년 문제에 매달리긴 어려웠을 것입니다. 자신과 가까운 사람, 자신을 사랑해 주는 사람만이 아니라, 자신과 인연을 맺은 사람을 포함해 모든 사람을 사랑할 수 있다면 그것은 가장 큰 사랑입니다. 자신에 대한 사랑을 넘어 그 범위를 타인에게 확장해 나갈 때 행복의 크기는 더욱 커질 것입니다."

내 삶의 중요한 가치는 '중정(中正)'

우리네 인생을 '항해하는 배'에 비유하기도 한다. 넓은 바다에는 파도가 출렁거린다. 날씨와 기후 등의 변화에 따라 파도는 거칠어지기도 잔잔해지기도 한다. 어느 순간 큰 파도가 몰려오기도 하고 작은 파도가 일렁이기도 한다. 배의 운행을 책임지는 선장은 일렁이는 파도와 각도에 따라 방향키를 조절해가며 항해한다.

만약 배가 한 쪽으로 기울면 반대편으로 키를 돌려 균형을 맞춰야한다. 이치는 간단하다. 배가 왼쪽으로 기울면 오른쪽에 힘을 싣고, 오른쪽으로 기울면 왼쪽에 힘을 실으면 된다. 그러면 거센 파도가 와도 배가 침몰하지 않고 순항한다. 풍랑이 이는 바다에서 항해할 때는 좌우로 배의 균형을 잘 맞추는 것이 무엇보다 중요하다. 만약 균형을 잃으면 배는 기우뚱하다가 어느 한 쪽으로 침몰할 위험이 있다. 항해하는 배처럼 우리 삶에도 균형과 조화가 필요하다. 그는 우리가 꿈꾸는 이상향, 세상에서 가장 이상적인 모습을 그려봤을 때 그것은 '중정(中正)'이라고 한다.

"제 삶에서 가장 중요한 가치는 '중정(中正)'입니다. 저는 중정을 '수직(l)과 수평(-)이 만나는 지점'으로 해석합니다. 수직(l)과 수평(-)이 합하면 '+'(플러스) 모양이 됩니다. 수직에는 위·아래가 있고 수평에는 좌·우가 있습니다. 그것들이 한데 만나는 지점이 정중앙 점입니다. 위는 아래를, 아래는 위를, 좌는 우를, 우는 좌를 향할 때 만나는 점이며, 모든 조화는 여기서 일어납니다. 중정은 파도가 일어나지 않는 무아지경 상태입니다. 그런데 그 지점은 인간이 쉽게 도달하기 어려운 지점입니다. 신(神)의 영역이라고 할까요?"

'중정'은 한마디로 세파에 흔들리지 않는 것이다. 그는 이 중정의 지점이야 말로, 삶의 궁극적 목적인 행복과 애기애타의 사랑, 홍익적인 삶, 진정한 성공의 지점이라고 해석한다. 지나치지도 않고 부족하지도 않고, 동서남북, 상하좌우 어느 한 쪽도 치우치지 않은 정중앙의 점이다. 그리고 중앙점을 향한 자세를 '중향(中向)'이라고 지칭하였다.

"제가 지향하는 바는 중(中)을 향하는 마음, 즉 '중향(中向)'입니다. 동(東)향도, 서(西)향도, 남(南), 북(北)향도 아니고, 반드시 중(中)을 향하려고 노력하는 것입니다. 한마디로 중향은 좌로나 우로나 한 쪽에 치우치지 않고 중앙을 향하는 것입니다. 이것은 모두 균형과 조화를 찾아가는 길입니다. 최적의 균형과 조화점이 바로 중정의 지점입니다."

지금까지 우리 사회가 흘러온 양상을 보면, 꽤 오랜 기간 진보와 보수가 양쪽으로 갈라져 있다. 만약 사회 전반에 진보적 성향이 지나치면 보수 쪽에 힘을 싣고, 반대로 보수적 경향이 지나치면 진보에 힘을 실어야 한다. 그래야 배가 순항한다. 따지고 보면 보수와 진보라는 것도 한 인간의 두 마음에 불과하다. 불변의 진리가 아닌 것이다. 그것들은 따로 존재하는 것이 아니라, 한 사람의 마음속에서 기울어지지 않게 균형을 잡아가는 것이다. 만약 한쪽으로 지나치게 기울이면 배는 순간적으로 균형을 잃고 침몰할 것이다. 다시 말해 보수든 진보든 한쪽으로 과하게 치우치면, 그 사회는 균형을 잃고 무너지는 것이다.

왜 우리나라는 오랜 세월 이념을 따지고 양쪽으로 갈라져서 내편, 네 편을 따지는지 모르겠다. 이러한 편 가르기 문화는 우리의 고질적인 관습으로 굳어져 편파적인 사고를 야기하는 등 많은 문제점을 가지고 있다. 강 대표는 "지난 시절에 가장 많이 받은 질문 중에 하나가 '당신은 누구 편이냐?'는 것이었다"고 한다.

"독재정권 시절이나 비녹재 시대나, 정권의 앞잡이 노릇을 하는 무리들은 꾸준히 있어왔습니다. 과거 정치검사들이 설쳐대던 시절, 저는 세 차례나 거부했는데도 사람 좋다는 이유로 공안부 검사로 발령이 났습니다. 아니나 다를까 1년도 못 되어, 정치적 사건을 두고 대판 싸우고 뛰쳐나왔습니다. 검사라는 직업을 고사하더라도, 정치권의 입맛에 맞게 호락호락 순응하기에는 제 양심이 허락하지 않았습니다. 그랬더니 그들은 물었습니다. '당신은 누구 편이냐?'고요."

변호사로 전직한 후 TV나 라디오에서 시사프로그램을 진행했던 그는 어느 날 갑자기 한 프로그램이 폐지됐다고 통보받았다. 이유가 무엇이냐고 했더니, 당시 야당 인사를 방송에 한 시간씩이나 출연시켜 선전할 기회를 주었다는 것이다. 황당한 일은 다음에 또 일어났다. 정권이 바뀐 후 진행하던 다른 프로그램이 또 폐지 당했다. 이유는, 전 정권부터 진행해온 프로그램이라는 것이다.

KBS1 라디오 '안녕하십니까, 강지원입니다'는 본인 스스로 그만두었다. 시사프로그램을 진행할 때 그는 '정중앙(正中央)의 위치에서 공정하게 방송하리라'고 마음먹었다. 그런데도 방송이 끝날 때면 "당신은 누구 편이냐?"는 질문을 많이 받았다. 때마침 아내가 대법관에 취임하게 되었다. 대법관은 정치적 중립성을 지켜야할 자리이기에 오해의 소지를 없애기 위해 얼른 그만 두었다. 그동안 정치권의 요청도 수없이 받았는데 그는 거절할 때마다 "나는 정치를 모른다"고 말했다. 그러면 그들이 하나같이 하는 이야기가 "그러면 누구 편이냐?"는 것이다.

사람은 누구나 자신만의 생각이 있다. 좌에 있느냐 우에 있느냐 자체가 중요한 것이 아니다. 강 대표는 "좌에 속하든, 우에 속하든, 그 존재방식이 상호간에 서로 싸우고 대립하는 것이 아닌, 서로의 다름을 인정하고 존중하면서 공존하는 방식이 되어야 한다"고 말했다.

"어떤 한 쪽의 방향이 아닌, 중을 향해 간다면 어떤 현상이 나타날까요? 아마도 상대편이 적군이 아니라 동반자로 보이게 될 것입니다. 상대편에게서 배울 점이 많다고 생각하게 될 것입니다. 더 나아가 상대편을 사랑하게 되기도 합니다. 마치 남녀가 서로 사랑하듯이요. 중향(中向)은 특정 방향에 치우치지 않는 것입니다. 이는 그리 부족하지 않고 그렇다고 지나치지도 않은 상태입니다. 다수결의 원칙을 존중하면서도 다수의 횡포를 막아야 한다고 생각하는 것, 소외된 사회적 약자를 도와주고자 하는 마음도 '중향(中向)'의 마음입니다."

그는 "우리는 지금 배가 어느 쪽으로 기울었는지, 냉철하게 판단해야 한다"면서 "현 사회에서 어느 쪽에 힘을 실어야하는지는 권력자가 아닌 바로 국민이 결정하기 때문"이라고 말했다.

'+(십)자형, 卍(만)자형, 中(중)자형의 삶'

조금 어려운 퀴즈를 하나 내보겠다.

'+(십)'자, '卍(만)'자, '中(중)'자의 공통점은?

이 세 개의 한자어의 공통점은 모두 종교적 상징으로 되어 있다는 것이다. 그리고 또 하나의 공통점이 있는데 그것은 뒤에서 밝히겠다.

먼저 '+(십)'자는 기독교의 상징이다. 예수님께서는 "이 땅의 자손들아, 너희는 죄인이니라, 내가 너희들의 죄를 대신해서 십자가에 못 박히리라"하셨다. 강 대표는 "사람이 양팔을 쭉 뻗어 벌리고 허리를 곧추 세워 바로 서면 '+(십)'자 모습이 된다. 그래서 이 십자가의 형상에서 사람의 본래 모습을 찾으라는 가르침이라고 해석하기도 한다"고 말했다.

'卍(만)'자는 불교의 표상이다. 불교에서 '卍(만)'자는 석가모니의 깨달음을 상징하며, '卍(만)'자의 형상은 사방이 머리를 숙이고 있는 모습이라고 한다. 머리를 떳떳이 들 수 없을 정도로 깨달으라는 말씀이라는 것. 불교에서는 모든 것은 마음에 있으니 마음을 닦아 참된 자신을 깨달으라고 가르쳤다.

강 대표는 "中(중)자는 유교의 대표적 사상으로, 中(중)이 뜻하는 바는, 불편불기(不偏不埼), 즉 편협하지 않고 치우치지 아니하며, 무과불급(無過不及), 즉 지나침과 부족함이 없음을 말한다"고 언급했다.

종교적 상징인 이 세 개의 또 하나의 공통점은 무엇일까. 힌트는 한자어의 생김새(상형)에서 공통적으로 발견되는 획이다. 정답은 '수평(-)과 수직(|)의 만남'이다. 먼저 수평(-)과 수직(|)이 결합하면 '+(십)'자가 된다.

'卍(만)'자는 '-'와 '|'의 결합에, 각 획의 끝에 날개 모양으로 한 획씩 덧붙여 놓은 형상이다.

'中(중)'자는 '▭'과 '|'의 결합이다. 특히 '▭'은 마치 제사상에 배치된 예기와 예물의 모습이고, 여기에 '|'은 좌우로 꽂아놓은 깃발을

나타낸다고 한다.

강 대표가 이런 특이한 사실을 발견한 것도 어느 덧 30년이 넘었다. 그가 청소년 문제를 연구하면서 다방면의 공부를 하고 여러 서적을 탐독하면서 발견한 이치다. 이 세 가지 종교적 상징에 '-'과 'ㅣ' 표시가 공통적으로 포함된다는 사실을 발견하고서 그는 이것이 매우 신비롭고 심오하다는 느낌을 받았다.

그렇다면 '-'은 무엇이고, 'ㅣ'은 무엇일까. 이들 획의 생긴 모습에 따라 '-'은 수평으로, 'ㅣ'은 수직으로 의미를 부여하였다. 그리고 이둘의 결합을 '수평과 수직의 조화'라고 개념화하였다. 이때부터 수평과 수직은, 그가 문명사적으로 세상을 바라보는 기본적인 개념이 되었다. 여기에는 음양(陰陽), 천지(天地), 일월(日月), 심물(心物), 영육(靈肉), 내외(內外), 남녀(男女) 등이 모두 포함된다.

그는 기회가 있을 때마다 수직문명과 수평문명, 수직사회와 수평사회, 수직적 리더십과 수평적 리더십 등 온갖 문명적 사회와 세상사에 이러한 틀을 적용하였다. 여기저기 글을 기고하고 강연을 하다 보니, 언제부턴가 우리 사회에도 수직적이니, 수평적이니 라는 용어가폭 넓게 사용되기 시작했다. 민주화 세대, 인터넷문화가 사회의 중심

축으로 자리 잡으면서 수평사회, 수평적 리더십은 우리 시대의 화두로 등장하기도 했다.

수평(-)과 수직(|)은 대척점에 있다. 양쪽이 가진 의미도 상이하다. 하지만 수평(-)과 수직(|)이 만나는 '+'자 표시는 동서양의 정신세계에서 심오한 의미를 지니고 있다. 서양에서 십자가는 헤브라이즘의 상징이며, 동양에서는 양(陽)과 음(陰)의 결합이다. 동서양을 막론해 과거에는 수직주의가 인간의 정신을 지배하고 있었다. 여기에는 항상 신이 있었는데, 신 앞에서 인간은 무력한 존재일 뿐이다. 이러한 수직주의는 서양에서 근세에 이르러 수평주의의 도전을 받았다. '신은 죽었다'고 선언하였고 그 자리에 인간의 이성이 자리 잡기 시작했다.

"수직주의가 획일적이고 지배와 복종이라는 구조로, 인간에게 고통을 주었지만 다른 한편으로는 질서, 능률, 권위라는 긍정적인 역할이 있었습니다. 반면 수평주의는 평등성과 다양성, 창의성, 인격존중이라는 휴머니즘이 있었지만 다른 한편으론 무질서와 대립, 갈등이라는 부정적 요소도 있었습니다. 오늘날 가치관의 대립과 혼돈 역시, 이같은 갈등에서 비롯되었습니다."

그는 "새로운 시대의 가치관은 수직주의와 수평주의가 '+자형'으로 만나는 데서 찾아야 할 것"이라고 말했다.

우리의 인류 문명도 크게 수직문명과 수평문명으로 분류할 수 있다. 인류는 과거 중세시대의 신 중심, 왕 중심, 남성 중심의 수직적 구조 속에서 무수한 고통을 받아왔다. 일방적 지시와 명령, 복종 위에서 군림한 권위주의, 통제주의, 집단주의, 서열주의, 획일주의, 폐쇄주의가 일반화되었다. 질서와 기강, 능률이라는 장점이 있었지만 인간의 존엄성과 다양성은 철저하게 무시되었다.

이에 대항하기 위해 인류는 근대, 현대에 이르기까지 수평문명의 확산을 위해 끊임없이 노력해왔다. 그것은 민주주의, 자유주의, 개인주의, 평등주의 등으로, 인간의 존엄성과 다양성을 근간으로 발전시켜왔다. 현재에 이르러 인류는 컴퓨터와 인터넷, 디지털로 대표되는 수평문명이 폭발하고 있다.

"인류는 과거 수직문명시대의 폐단과 부작용을 혁파하기 위해 투쟁하면서 수평문화를 일궈왔습니다. 그리하여 인간의 이성을 존중하고 개인의 인권을 찾고 마침내 민주적 공동체를 이루는데 성공했습니다. 그렇다면 이같은 수평문명이 인류에게 유토피아를 가져다주었을까요? 수평문명의 장점에도 불구하고 예상치 못했던 각종 폐단과 부작용이 속출했습니다. 극단적인 무질서가 속출하고 자유주의는 무정부주의적 방종으로 치달았습니다. 또한 과도한 경쟁지상주의는 인간의 격차와 소외, 고독감을 확대시켰습니다. 이혼과 가정해체가 늘어나고 가족붕괴의 조짐까지 나타났습니다."

그렇다면 우리는 어떻게 살아야 할까, 우리가 지금 시대에서 풀어야할 과제는 무엇인가?

그는 "수직문명이나 수평문명, 그 하나로는 아름답고 선한 세상을 만들 수 없다. 두 문명이 적절하게 조화를 이루는 '+자형', '조화문명'에서 길을 찾아야 한다"고 강조했다.

예컨대 우리 가정에도 수평문화와 수직문화가 같이 존재한다. 과거의 아버지는 그 존재만으로도 무섭고 두려운 존재였다. 아버지의 기침소리만 나도 자식들의 간이 콩알만 해지던 시절도 있었다. 아버지라는 '위'와 자녀라는 '아래' 사이에는 지시와 명령, 복종만이 존재했다. '가부장제'로 대표되는 동양의 유교문화도 그렇고, 서구의 기독교문화도 다르지 않았다. 아버지는 대가족제의 가장으로서, 가족의 생계를 책임지는 지위를 가지고 있어 절대적 권위가 따랐다. 여기에서 자녀들의 복종과 일방적 효가 강조되었다. 현대에 와서 가정도 급격하게 변했다. 아버지의 가부장적 권위가 무너지고 개인주의적 성향이 나타났다. 핵가족이 정착화되고 남녀가 평등한 가족질서가 형성되었다.

"그런데 수평적 부자관계가 인류에게 가장 이상적인 모습일까요? 수평화에도 부작용과 폐단은 끊임없이 나타나고 있습니다. 무조건적인 수평화가 바람직한 방향은 아닙니다. 아버지와 자녀는 친밀한 수평적 관계를 유지하면서 부모가 수직적 교육자의 역할을 포기해서는 안 됩니다. 수평화의 장점은 이루되, 그 부작용은 막아야 합니다. 그래서 중요한 것이 균형과 조화입니다."

강 대표는 "본래 부모-자녀관계의 가장 이상적 모델은 부자유친(父子有親)이요, 부자자효(父慈子孝)"라고 하면서 "부모는 자애롭고 자녀는 효도를 해야 한다는 것인데, 그러기 위해서는 부모와 자녀가 수직적 상하관계 속에서도 일방적 지시나 복종이 아니라, 수평적으로 상호 존중하면서 사랑과 정의로 교감해야 한다"고 말했다.

양심의 소리를 따르는 길,
'구도자적인 삶'

2019년 1월, 서울 푸르메재단 사무실에서 강지원 대표와 인터뷰가 있었다. 매체는 '한국교통안전공단'에서 발간하는 사보였다. 어느 날, 사보 담당자에게서 전화가 왔다.

"허 작가님, 이번 호에 강지원 변호사님 인터뷰 기사 넣으려고 해요. 허 작가님이 강 변호사님과 친하니까 직접 일정 잡아봐요."

여러 사보에 강지원 대표의 인터뷰를 늘 필자가 하다 보니, 친하다고 생각한 모양이다. 한 인물을 필자만큼 오랫동안 꾸준히 인터뷰한 사람도 없을 것이다. 자유기고가는 여러 매체에 기고하는 사람이라, 매체가 선호하는 인물을 자주 만난다. 여러 매체가 인터뷰하고 싶은 가장 내표적인 인물이 상시원 대표다. 필자의 경우에도 지금까지 강지원 대표를 가장 많이 인터뷰했다. 그는 바쁜 활동 중에도 매번 필자의 인터뷰 요청을 흔쾌히 수락해주었다. 정말 감사한 마음이 컸다. 유머를 조금 섞자면, 그동안 꾸준히 돈(원고료)도 벌게 해주셔서 감사 드린다.

강 대표는 "여러 곳에서 사회 활동 요청이 들어오는데 지금 하는 일이 많아서 오히려 줄여야 할 상황이라, 그간 새로운 요청을 사양했다"고 한다. 그런데 공단에서 '교통사고피해자지원 희망봉사단'의 회장직을 맡아달라고 간곡하게 부탁하였고 결국 수락했다고 한다. 그는 "교통사고는 자신의 뜻과 관계없이 어느 날 날벼락 같이 닥치며 그로 인해 심각한 피해를 입는다. 교통사고 피해자들은 갑자기 장애인이 되고, 심지어 사망에 이르며 가족은 엄청난 고통에 시달린다. 갈수록 늘어나는 교통사고를 예방하고 피해자 지원을 더욱 확대하자는 취지에 공감해 '교통사고피해자지원 희망봉사단'의 봉사활동에 참여하게 되었다"고 밝혔다.

2019년에 인터뷰 했을 때, 강지원 대표는 어느 새 일흔에 접어들었다. 그가 50대일 때 처음 뵈었는데 벌써 일흔이라니, 세월이 정말 빠르다는 것을 실감했다. 2019년 인터뷰가 인상 깊게 남은 것은, 여전히 활기차고 의욕이 넘쳐서 정말 나이 따위는 실감하지 못했던 사실이다. 필자가 50대였던 강지원 변호사님을 처음 만났을 때나, 10년 여전 환갑을 맞았을 때나, 지금의 모습이나 어느 하나 달라진 것이 없었다. 문득 일흔이 되고 달라진 것은 없는 지 궁금했다.

"나이가 들었다고 느끼면서 가장 먼저 노욕을 부려서는 안 된다는 자각이 들었습니다. 가진 것을 기탄없이 내려놓고, 남은 인생을 봉사하며 살아야겠다고 결심했습니다. 봉사하는 삶을 살아보니, 그제서야 조금씩 철이 들고 더 나아가 구도자적인 삶을 찾아야겠다고 생각했습니다. 생각이 확장되니 사람은 본래 구도자적인 삶을 지향하며 사는 것이 아닌가, 이제껏 그것을 모르고 살았구나, 반성하고 회개하는 마음이었습니다. 봉사하고 나누는 삶이야말로, 구도자적인 삶이 아닐까 생각합니다."

인터뷰에서 인상적인 키워드가 '철이 들어야겠다'는 것과 '구도자적인 삶'이었다. 일흔 살에 철이 들어야겠다니, 믿기 어려웠다. 더구나 검사, 변호사, 사회 운동가로 활동해 온 그이기에, 선뜻 수긍하기 어려윘지만 한편으로는 신선한 충격이었다. 그는 지나간 시절을 돌아보며 문득 반성하고 회개하면서, 앞으로 더욱 공생하는 삶을 살아야겠다고 다짐했기에, 이제서야 '철이 들어간다'고 표현한 것이다.

나아가 그는 일흔을 넘기면서 '구도자의 삶'을 지향한다고 했다. '구도자(求道者)'란, 진리나 종교적인 깨달음의 경지를 구하는 이들을 일컫는다. 예컨대 간디, 슈바이처, 마더 테레사 수녀 같은 인물이다. '철이 들어야겠다는 것'은 그가 '구도자적인 삶을 사는 것'을 의미했다. 강 대표가 국내외를 막론하고 가장 존경하는 인물이 '간디'다. 간디는 인도의 정신적·정치적 지도자다. 간디는 인도의 독립운동에 자신의 생애를 바쳤다. 간디의 생일 10월 2일은 인도의 국경일이며 세계적으로 '국제 비폭력의 날'로 기념하고 있다.

강 대표는 "선한 사람은 아주 작은 일에도 반성을 거듭한다"면서 그래서 "선한 사람은 더욱 선해지고 악한 사람은 더욱 무디어진다"고 말한다. 간디는 선한 사람이다. 그는 끊임없이 반성했고 진리가 무엇인지 찾기 위해 고뇌를 거듭하였다.

그는 "자신이 간디를 흠모하고 사랑하는 것은 그의 구도자적 자세 때문"이라면서 "무엇이 마땅한 길인지, 무엇이 사람으로서 마땅히 지켜야 할 것인지, 간디는 끊임없이 탐구하고 고뇌하였다"고 말했다. 나아가 "끝없이 반성하는 간디의 자세가 놀랍다"고 덧붙였다. 덧붙여 강 대표는 "간디의 비폭력 저항, 민족해방 등 정치가로서의 업적과 민족운동가로서의 행적도 훌륭하지만, 무엇보다 간디에게는 도덕과 양심, 진리를 찾아가는 구도자적 자세가 큰 울림을 주고 스승의 역할을 한다"고 말했다.

"저와 같은 보통 사람도 구도자적으로 살 수 있을 것이라 생각합니다. 인생에 완숙점이 있다면, 어느 덧 그 지점에 도달한다면 구도자적인 삶이 가능하다고 봅니다. 어느 정도 세상을 경험하면서 연륜이 쌓이는 지점에 이른다면, 간디나 슈바이처처럼 위대한 인물이 아니더라도 누구라도 인생을 구도자적으로 살아갈 것이라 믿습니다. 구도자적인 삶은 서로가 공생하고 공존하면서 아름답고 선한 공동체로 향하는 것입니다."

'내면의 선한 세계'에 이끌리다

"다시 태어난다면 뭐가 되고 싶니?"

누군가 이렇게 묻는다면 뭐라고 답할 수 있을까?

인간은 죽으면 흙으로 돌아간다. 맨 몸으로 태어나 일평생 살다가, 한 줌의 재가 되는 것은 세상사 이치다. 대개는 죽음으로써 인생이 모두 끝난다고 생각하므로, 다음 세상이 올 것이라고는 상상하기 어렵다.

그래도 만약 다음 생애가 있다면, 무엇을 상상할 수 있을까.

강 대표는 "다시 태어난다면 아마도 수도자가 되어 있지 않을까 한다"고 말한다. 그는 이번 생에서는 끝까지 마음 붙일 신앙을 가져 본 적이 없다. 대신에 그의 사색은 그 어디에도 드러나지 않는 '내면의 선한 양심의 세계'에 끌렸다. 자신의 내면에서 나오는 양심의 소리를 최우선적으로 하나의 지표이자, 삶의 가치로 삼게 된 것이다.

그는 "양심의 선한 세계에는 자신과의 싸움이 있을 뿐이다. 나쁜 짓을 하려고 했다가 차마 행하지 못하는 마음, 고통 받는 이들의 아픔을 차마 지나치지 못하는 마음, 그런 것들이 양심의 발로가 아닌가 한다"고 밝혔다.

"어쩌면 구도자의 길은, 종교를 초월해 '선한 양심의 소리'를 따르는 길이 아닌가 합니다. 제 좌우명으로 '신독(愼獨)'을 삼아 온 것도 그런 이유에서 입니다. 제가 세상에 다시 태어난다면 이번 생애에서 찾지 못한 영적인 세계를 찾아가는 수도자가 되어 있지 않을까 상상해 봅니다."

강 대표는 "요즘 들어 나이가 들어갈수록 왜 이렇게 회개하고 참회하고 반성할 일들이 점점 많이 생각나는지 모르겠다"고 말한다.

"젊었을 때는 무심코 지나쳤던 일들이 요즘에 와서 새삼 떠오르곤 합니다. 그런데 그것들이 제 마음을 아프게 하는 것이 아니라, 제 자신을 한 단계 더 성장시킨다는 느낌을 줍니다. 저는 무심코 내뱉은 말인데, 누군가에게 상처를 줬을지도 모른다는 생각, 저는 대단한 일이 아니라고 생각하고 추진했는데 결과적으로 다른 사람을 섭섭하게 했을지 모른다는 생각들을 하게 됩니다. 그래서 회개하고 참회하고 반성할 일들이 점점 늘어나는 듯합니다. 정말 특이한 것은 지금까지 제가 용서를 했어야 했는데, 용서하지 못하고 살았다는 일들도 생각이 납니다."

강 대표는 "언젠가 세상을 떠난다면 용서를 구하고 싶은 일들이 있다"고 고백한다. 그에겐 불의를 보면 못 참는 성정이 있다고 한다. 검사에서 변호사로 30년 세월을 법조인으로 살았으니 어쩌면 당연한 일이다. 그는 우리 사회에서 고통 받는 이들, 약자들을 대변해 끝없이 싸웠다. 그렇다 보니, 본의 아니게 그 상대방에게는 상처를 주었을 것이라고 한다. "한 성매매업주는 우리가 제출한 소장을 받아보고는 자살하고 싶다고 전화를 해왔다"고 하였다.

10대 소녀를 1년 내내 농락한 남자, 연수받는 여제자를 유혹해 잠자리를 하고도 뒤집어씌운 유명인사, 야만적인 수사를 자행한 검사와 경찰, 억울한 자를 외면한 판사 등 이들에게는 공통점이 있다. 스스로가 먼저 잘못했다고 사과하지 않은 것이다. 당시 강 대표는, 그들에게 가차 없이 민·형사소송을 제기하거나 질타했다. 법을 집행하는 법조인으로서 마땅히 해야 할 일을 했지만, 만약 누구라도 자신에게 원망하는 마음이 있었다면, 늦었지만 그들에게 양해를 구하고 싶다. 죄를 미워했을 뿐, 사람을 미워한 것은 아니었다고.

신약성경 마태복음에는 '용서'에 관한 유명한 일화가 나온다. 베드로가 예수님에게 이르되 "주여, 형제가 내게 죄를 범하면 몇 번이나 용서하여 주리까? 일곱 번까지 하오리까?" 이에 예수님은 "일곱 번뿐 아니라, 일곱 번씩 일흔 번까지라도 용서하라"고 하셨다. 예수님이 언급한 '용서는 어떤 조건이나 대가없이 끊임없이 하라는 것'이다.

'척을 지다'라는 말이 있다. '척(隻)'은 조선시대, 소송 사건의 피고를 가리킨다. '지다'는 어떤 상태나 이루어짐을 뜻한다. 이를 풀이하면 '원한이 있어 미워하게 되는 것'으로, 한마디로 원수지간이 되는 경우를 말한다. 그래서 옛말에 "척을 지고 살지 말라"고 했다. 즉 원한을 갖지 말 것이며 만일 척진 것이 있다면 상대방을 용서하라는 것이다.

강 대표는 "어떤 사람이 무심코 내뱉었던 말 한 마디가, 지금까지도 마음에 송곳처럼 남아있는 경우가 있다. 그동안 잘 아는 사이였든 우연히 만난 사람이었든 나에게 욕했던 사람들, 상처 줬던 사람들이 새삼스럽게 생각이 난다"고 한다.

성경에 '원수를 사랑하라'는 말이 있다. 아무리 미워하는 사람이라도, 넓고 너그러운 마음으로 그를 보듬고 포용하자는 의미일 것이다. 누군가를 향해 미워하는 마음을 계속 남겨두면 결국 자신에게도 그 상처가 생채기처럼 돋아날 것이다. 많은 이들이 '상처를 잊으라'고만 한다. 하지만 강 대표는 "오히려 그 상처를 가슴 속에서 끄집어내서 용서할 것은 용서하고, 회개할 것은 회개하는 것이 상처를 치유하는 하나의 방법이 될 것"이라고 말한다.

강 대표는 그동안 아동, 청소년부터 여성, 장애인들과 함께 하면서 이들에게 발생하는 다양한 문제를 연구하고 공부해왔다. 그러면서 서서히 인간관계에 대해 깊은 이해와 심오한 이치를 깨달아 갔다. 예를 들어 '장애인을 사랑으로 대하지만, 장애인이 잘못을 저질렀을 땐 어떻게 해야 하는가?' 등 일선에서 이런 의문에 직면할 때면 깊이 생각하고 관련 서적을 탐독하고 연구하면서 나름대로 진리와 깨달음을 얻었다. 이러한 그의 끊임없는 문제의식은, 삶의 심오한 영역인 '사랑과 정의'라는 개념에 도달하였고, 더 나아가 '개인의 선(善)'을 넘어

'공공의 선(善)'에 천착하지 않았나 싶다.

"누군가를 향해 증오하는 마음을 갖는 것은 선이 아닙니다. 그동안 저도 모르게 그것을 잊고 살지는 않았는지 반성하게 됩니다. 지금까지 누군가를 괘씸하게 생각하고 미워했던 것, 상처받았던 일 등 오래된 기억들이 조금씩 생각나면서 이제는 용서해야지, 마음을 비워야지 하면서 모든 것을 차분히 내려놓게 됩니다."

그는 요즘 들어 "이것이 선인가, 선이 아닌가?" 하는 생각을 많이 한다. 그러다 보니 불현듯 '용서'가 떠올랐으며 그가 존경하는 '간디'처럼 구도자적으로 고뇌하며 인생을 탐구하고 있다. 이는 황혼의 길목에서 건져 올린 또 다른 깨달음이다.

3
장

HERE & NOW

여기, 이 순간에 행복하기

'나는 이른 아침 종달새 소리를 좋아하며 바다의 파도 소리를 들으면 아직도 가슴이 뛴다. 나는 골목을 지나갈 때 발을 멈추고 한참이나 서 있게 하는 피아노 소리를 좋아한다.'

피천득 선생의 수필 '나의 사랑하는 생활'에 나오는 글귀다. 아주 오랜만에 책장에서 피천득 선생의 수필집을 꺼냈다. 문학소녀의 마음을 설레게 했던 이 수필은 피천득 선생의 수필 가운데서도 백미로 꼽힌다. 중학생 때 국어 선생님이 이 수필처럼 '나의 사랑하는 생활'을 적어오라고 했던 기억이 난다. 그때 나는 뭐라고 썼을까? 까마득한 시절이라 기억이 나지 않지만 현재 생활에 비춰보면서 다시 써보고 싶다. '나의 사랑하는 생활'을 읽으면서 '현재의 삶'을 생각했다.

'나는 현재 잘 살고 있는가? 지금 행복한가? 매사에 어떤 마음과 태도로 임하고 있는가?'

문득 어느 인터뷰에서 강지원 대표가 언급한 'HERE & NOW'가 생각났다. '노력'을 주제로 한 인터뷰에서 강 대표는 말미에 'HERE & NOW'에 대해 이야기했다. 당시 인터뷰에서 필자는 '노력'에 대해 기존에 가졌던 편견이 깨져버리기도 했다. 그가 정의하고 조언한 '노력'은 누구나 깊이 곱씹고 새길만한 내용이었다. 나아가 'HERE & NOW'라는, 짧고도 단순해 보이는 이 글귀에는 우리가 배우고 알아야 할 오묘한 진리와 삶의 지혜가 담겨 있었다.

어떤 목적을 이루기 위해 부지런히 애 쓰는 일, 바로 '노력'의 정의다. 어떤 일이든 노력 없이 이뤄지는 것이 있을까. 사람이 노력만으로 자신이 원하는 모든 일을 이룬다면, 세상에 어떤 근심, 걱정도 없을 것이다. 하지만 아무리 노력해도 안 되는 경우가 많은 것이 현실이다. '노력'은 다소 추상적인 개념이다. 그 양과 질을 측정하기 어렵다. 노력을 많이 했다고 전부 성공하는가? 반대로 노력이 부족해서 성공하지 못 하는가? 세상 모든 일이 그저 노력에 따라 결과가 달라지는가? 사실 어떤 것도 명확하게 답변을 내리기 어렵다. 우리는 '노력'이라는 행위에 앞서, '노력'에 대한 명확한 관점을 세운 후 진지하게 접근해야 할 것이다.

'노력'에 대해 이야기 할 때, 가장 먼저 떠오르는 인물 역시 강지원 대표다. 그는 명문 서울 경기 중·고등학교와 서울대(소위 KS 출신)를 나오고, 두 번의 국가고시에 합격한 후 검사, 변호사, 이후 '사회 운동가'로 활발히 활동해 왔다. 강 대표는 '노력'을 새로운 관점으로 바라보았다.

"아무리 노력해도 안 되는 일이 있고, 별다른 노력을 하지 않았는데 저절로 되는 일도 있습니다. 이처럼 노력에 따라 성과가 어떻게 달라지느냐, 하는 문제에 많은 이들이 고민을 합니다. 우선은 무엇에 관해 노력할 것인가를 짚고 넘어가야 합니다. 예를 들어 어른들이 학생들에게 '공부해라, 노력해라'라고 하는데 누구나 노력한다고 점수가 잘 나오는 것이 아닙니다. 여기서 핵심은, 사람은 저마다 타고난 소질과 적성이 다르다는 것입니다. 자신의 타고난 적성에 맞춰 노력한다면, 노력이 저절로 되고 보람도 저절로 생기며 행복도 저절로 찾아올 것입니다."

한 번도 어렵다는 국가고시에 두 번이나 합격하고 사법고시는 수석으로 합격했던 그는 "시험은 노력보다는 재주와 관련이 있다"고 말한다.

"시험에 재주가 있는 사람은 노력을 별로 하지 않아도 합격합니다. 하지만 시험에 재주가 없는 사람은 아무리 노력해도 계속 떨어집니다. 이것은 타고난 재주와 관련이 있고, 노력과는 큰 상관이 없습니다. 여기서 재주는 타고난 소질과 적성을 말합니다. 만약 자신의 적성을 무시한 채 뭔가에 맹목적으로 노력한다면, 그것은 '쓸데없는 노력'이 되는 것입니다."

'노력'이라고 하면 누구나 응당 해야 할 의무이고, 칭찬받을 일이라고 생각했다. 지금까지 알았던 '노력'에 대한 관점이 바뀌는 순간이다. '노력'에 대한 고정관념이 깨지면서 기존에 알고 있던 '노력'은 그것이 전부가 아니라는 생각이 들었다.

우리 학창시절만 봐도 쉽게 이해가 된다. 내 적성이 무엇인지, 내가 하고 싶은 공부가 뭔지, 뚜렷한 목표도 없이 그저 남들처럼 대학에 가야하니까 잠 못 자고 공부했던 기억, 누구나 있을 것이다. 그래도 이 사회에서 좋은 직장에 취직하고, 제대로 밥벌이해서 먹고 살려면 대학 정도는 나와야한다는 암묵적 현실에 맹목적으로 따라갔다. 사실 스무 살 무렵의 나이에 세상에 대해 무엇을 알겠는가. 입시에 목숨 걸던 학창시절부터 취업 준비하고 직장에 다니고 일을 하면서도 대개 많은 이들이 더 나은 미래를 위해 끊임없이 노력한다.

노력의 끝에는 성공이 기다리고 있을까. 어쩌면 필자는 지금까지도 '쓸데없는 노력'을 하지 않았나? '노력해야 한다'는 강박관념에 정작 소중한 것을 놓치고 살지 않았나? 내 적성이나 재주와 상관없이 몰두했던 노력은, 어떤 결과를 낳았을까? 그런 노력은 그저 그런 성취감으로 끝나지 않았을까?

강 대표는 "노력은 그 자체로 즐거운 것, 노력하는 순간순간이 행복한 것이어야 한다"고 했다. 즉 "노력은 힘들고 고통스러운 것이 아닌, 즐거운 일"이라는 것이다.

"만약 노력을 강요받는다면, 노력하는 사람 입장에서는 노력을 고통스럽게 생각합니다. 하지만 노력은 그 자체로 즐거워야 합니다. 인생의 궁극적인 목적은 행복이라고 합니다. 일반적으로 사람들은 꾸준히 노력해서 성과를 이루면 자신의 삶도 행복하다고 생각합니다. 노력 끝에 돈을 많이 벌거나 직책이 올라가거나 출세를 하는 등의 성과를 맛보면, 자신이 성공했다고 여기고 행복해 합니다. 하지만 진짜 행복은 이러한 성과가 아니라, 노력하는 순간순간입니다. 즉, 노력하는 지금 이 순간순간이 행복하다는 것입니다. 그래서 'HERE & NOW' 입니다. 나중에 돌아오는 보수나 성과와 관계 없이 '여기 이 순간에 행복하라!'는 것입니다."

그는 "행복이냐, 불행이냐를 가르는 기준은, 내가 어떤 노력을 하느냐에 달려 있다"고 했다. 그러면서 "자신의 적성과 상관없이 사회적인 기준, 또는 타인의 시선 때문에 성과를 얻고자 애를 쓴다면 그 노력은 고통만 가져올 뿐이다. 중요한 것은, 자신의 타고난 소질과 적성에 맞는 분야나 일을 찾아 꾸준히 노력하는 것이다. 즉, 각자가 적성에 맞는 것을 찾아 노력하는 가운데, 그 순간순간은 기쁨이 되고 행복이 되는 것"이라고 했다.

'왜 여기(HERE)에서 지금(NOW)이 중요한지', 필자는 'HERE & NOW'의 의미를 하나하나 새겨보았다. '여기(HERE)'는 내가 처해있는 공간이며 넓게는 나를 둘러싼 환경이다. 가정, 회사, 일터, 동네, 지역, 국가 등 자신이 활동하는 영역이다.

'지금(NOW)'은 일상을 살아가고 있는 '현재'다. 살아가는 지금 순간순간이 '현재'인 것이다. 톨스토이는 이렇게 말했다. "당신에게 가장 중요한 때는 현재이며, 당신에게 가장 중요한 일은 지금 하고 있는 일이며, 당신에게 가장 중요한 사람은 지금 만나고 있는 사람이다."

현재는 영어로 'present'인데, 'present'는 '선물'이라는 뜻도 있다. 얼마나 아름다운 단어인가. '현재'는 곧 '선물'이라는 얘기다. '선물'을 받고 행복하지 않은 사람이 있을까? 우리는 모두 '현재'라는 선물을 받고 살아가는 사람들이다. 그래서 현재의 삶은 선물처럼 기쁘고 행복해야 하는 것이다. 과거도 미래도 아닌, '현재'는 우리 삶의 선물이다. 그렇다면 '선물 같은 현재'를 어떻게 살아야 하는가?

건강한 아침은 행복의 시작

어느 날 대화에서 '아침형 인간'이 나왔다. 필자는 '올빼미형(저녁형 인간)'이다. 프리랜서로 살면서 낮에 돌아다니고 저녁에 원고를 쓰니 늦잠을 자는 것이 일상이었다. 이런 습관이 굳어져 필자에게 '아침형 인간'은 다른 세상 얘기였다. 강지원 당시 변호사를 처음 뵙고 인터뷰했던 주제가 '아침형 인간'이었다.

당시 사회적으로 성공한 인물은 대부분 '아침형'이었다. 부지런함의 대명사인 '아침형'은 '성공한 인간'과 찰떡궁합이다. 그런데 의외였던 것이 그는 원래 '아침형 인간'이 아니라고 했다. 당시 아침 시사 프로를 맡고 있어서 하늘이 두 쪽 나도 새벽 4시에 일어나야 했기에 무척이나 힘들다고 하였다.

"요즘은 정말 힘들어요. 저는 '저녁형'인데 아침 생방송 때문에 매일 새벽에 일어나야 하니 고역이죠."

예상치 못한 이야기에 빵 터졌다. 당시 필자는 소위 '성공한 아침형 명사'를 선정해 만나고 다녔는데, 이런 답변을 하는 사람은 아무도 없었다. 그저 아침에 얼마나 일찍 일어나는지, 그 시간에 무엇을 하는 지, 아침이 주는 신선한 기운과 장점을 주로 이야기했다. 필자 역시, 성공한 사람들은 이러한 '아침형 인간'이 당연하다고 생각했고 그들의 말을 가만히 들었다. 그런데 누구보다 최고의 엘리트 코스를 밟고 성공한 명사의 대표로 꼽히는 강지원 변호사가 이런 말을 서슴없이 하다니, 조금 놀랐다. 설사 '저녁형'이라도, 그걸 그대로 말할 필요까진 없는데 그는 아무렇지 않게 말하고 있었다. 보통의 경우 인터뷰시, 자신의 약점을 감추고 장점을 부각시키는 것이 일반적이다. 특히 대중의 관심을 받는 유명인일수록 어떻게든 자신의 이미지를 좋게 만드는 것이 인지상정이니 말이다.

당시 강지원 변호사와 인터뷰하면서 '이 분은 뭔가 많이 다르구나' '남들과는 다른 생각을 하는 사람이구나' 특별한 느낌을 받았다. 여기에 솔직하고 소탈한 이미지가 더해져 친근함을 느꼈다. 특히 다른 이들에겐 좀처럼 보이지 않는, 인간적인 매력이 느껴졌다.

　그는 2003년부터 KBS 제1라디오 시사프로그램 '안녕하십니까? 강지원입니다'를 약 1년간 진행했다. 오전 6시 25분부터 시작하는 생방송을 위해 매일 새벽에 일어나 경기도 자택에서 여의도로 달려갔다. 당시 잠과의 사투를 벌이는 새벽 기상이 힘들었지만 어찌됐든 하루하루를 무사히 넘겼다. 그는 아침 프로를 맡기 전에는 늦게 자고 늦게 일어나는 '올빼미형'이었다고 한다. 그래서 처음에는 이른 아침 방송을 사양했지만 '청소년 운동의 연장선상'이라는 설득에 프로그램을 맡았다. 방송을 진행하면서는 한 번도 지각해 본 적이 없고 방송차질 한번 없었다. 그리고 이때를 계기로 아침이 주는 신선함과 여유를 사랑하게 되었다. 이후 일상에서 일찍 자고 일찍 일어나는 습관을 꾸준히 실천한 결과, 몇 년 후에는 그리 어렵지 않게 '아침형 인간'으로 변모했다.

　그는 예전의 농경사회에서는 동이 트면 일어나고 어두워지면 잠이 드는 것이 일상이었고, 이는 사람의 생체리듬과도 들어맞아 건강한 생활이라고 하였다. 현대문명의 발달은 이전 농경사회의 건전한 '아침형 인간'을 내몰고 불량한 '야행성 인간'을 양산해 냈다. 전기의 발명과 발전 이후 낮이나 밤이나 사방이 환해지면서 밤의 유흥 문화가 성행한 것이다. 그는 "건강한 사회를 병들게 하는 유흥 문화를 지양하고 저녁에는 가족과 교류하거나 문화생활을 즐기면서 몸과 마음의 휴식을 얻고, 자연스럽게 아침에 일찍 깨는 건강한 삶을 향유할 것"을 권했다.

아침을 일찍 시작하고 늦게 시작하는 것 자체가 중요한 것이 아니다. 보다 중요한 것은 하루의 시간을 얼마나 가치 있게 쓰느냐 하는 것이다. 이런 점만 보아도 밤의 소중한 시간을 유흥과 쾌락에 빠져 흥청망청 쓰는 것은 삶을 낭비하고 허송세월하는 꼴이다. 그는 많은 시행착오 끝에 결국은 '일찍 자고 일찍 일어나는 것'이 건강한 생활의 기본임을 깨달았다. 우선 아침에 일찍 일어나려면 그 전날 밤에 일찍 잠들어야 한다. 사람의 성장호르몬이 가장 잘 분비되는 시간이 밤 10시에서 새벽 2시라고 한다. 그래서 이 시간에는 잠이 들어야 아이든, 어른이든 좋은 호르몬이 분비되어 건강한 신체가 유지된다.

그는 특별한 사정이 없는 한, 매일 밤 10시에 잠자리에 들고 있다. 사실 습관이 되지 않으면 그 시간에 잠드는 것이 힘들다. 그래서 저녁에 가볍게 산책을 하거나 노르딕 워킹을 하고, 집에 와서는 족욕이나 반신욕을 한다. 몸을 약간 피곤하게 하고, 또 완화(릴렉스)하면서 일찍 잠에 빠지도록 최적의 몸 상태를 만드는 것이다.

'BMW 라이프',
네 발로 걷는 '노르딕 워킹'

     강지원 대표는 십 수 년째 'BMW'생활을 하고 있다.
'BMW'는 'Bus, Metro, Walking'의 준말이다. 그는 10여 년 전 환갑을
맞으면서 자동차부터 없앴다. 서울 사당동에 있던 변호사 사무실 간
판도 내렸다. 집은 일찌감치 서울을 벗어났고 현재는 경기도에 터를
잡아 살고 있다. 서울에 일정이 있는 날에는 지하철과 버스를 타고 나
온다. 시간이 촉박할 때는 택시를 이용한다. 변호사 사무실이 없어진
후에 필자는 서울역 등 전철 부근의 카페에서 만나 인터뷰를 했다.
차가 없으니 자연히 걷는 것이 생활화 된다. 버스나 지하철 또는 열차
등 대중교통을 이용할 때면 독서, 사색 등 시간적 여유를 누리는 것

도 큰 장점이다. 나아가 운동이 부족한 현대인들이 일상에서 가장 손쉽게 하는 것이 '걷기'다. 차가 없으니 어디를 가든 많이 걷게 되어 여러 모로 유익하다. 덕분에 건강은 덤으로 따라온다. 따로 건강을 챙기지 않아도 올바른 생활 습관으로 저절로 건강해지는 것이다. 건강이라고 하면, 먼저 몸의 건강을 생각하지만, 마음의 건강도 이에 못지않게 중요하다. '건강한 신체에 건강한 정신이 깃든다'는 말처럼 몸과 마음은 하나다. 늘 피로와 스트레스를 달고 사는 사람을 건강하다고 할 수 없는 것이다.

강 대표는 그간 검사와 변호사, 사회 운동가로 왕성하게 활동해 오면서 따로 건강을 챙기지 못 했다. 숨 가쁘게 돌아가는 업무와 일정 속에서 건강을 돌아볼 시간적 정신적 여유가 없었다. 다만 그가 유일하게 즐긴 것은 산행이었다. 틈만 나면 산을 찾았으니 우리나라의 산은 거의 다 밟았다. 지리산 종주만 몇 차례 했을 정도다. 백두산도 중국 쪽을 통해 등반하기도 했다. 갈수록 바빠져서 산에 갈 시간이 줄어들었지만, 집 주변의 뒷산이라도 가기 위해 10여 년 전 산이 가까운 지역으로 이사했다. 수없이 산을 오르내리면서 그는 산이 우리네 인생을 닮았다고 생각했다. 산에 오르다 보면 수없이 많은 굴곡을 겪는다. 우리 인생도 마찬가지다. 오르다가 중간에 쉬어가더라도 포기하지 않고 결국은 정상을 밟는다.

　누구나 살다 보면 고난을 겪고 좌절하기도 하지만, 결국은 다시 일어난다. 사람 나이 환갑이 되는 60세까지는 정상에 오르는 시기다. 그런 후에 내려오는 과정이 남아있다. 산에 오르는 과정은 힘들고 시간도 오래 걸리지만 내려오는 길은 마음이 한결 가볍다. 사람의 생애와 빼닮은 산을 오르내리는 과정은 그에게 많은 영감을 준다. 그는 '사람은 오르는 길에서도 행복하게 살아야 하지만, 홀가분한 하산 길에서도 행복하게 살아야 함'을 깨달았다.

　대개 하루의 일과를 보면, 그 사람의 인생의 한 단면이 보인다. 강지원 대표는 일상에서 걷기와 바른 식습관을 꾸준히 실천하고 있다. 그는 2010년대 중반 우연한 계기로 '노르딕 워킹'과 '통곡물'을 접한 후, 식습관을 완전히 바꾸고 걷기를 생활화하는 등 지금까지 건강한 생활을 이어오고 있다.

　2017년 여름, 서울 사당역 부근 찻집에서 '통곡물'을 주제로 만났을 때 그는 웬 '스틱'을 들고 왔다. 당시 필자는 '노르딕 워킹'을 모르고 있었다. 주로 등산할 때 쓰는 '스틱'을 보고 '다리가 어디 안 좋으신가?' 생각했다. 나중에서야 그것이 '노르딕 워킹' 때 쓰는 '워킹 폴'이라는 것을 알았다. 평소 등산과 산책을 즐기던 그는 2014년 한 걷기단체가 마련한 강화도 둘레길 걷기에 참가했다가 '노르딕 워킹'을 알게 되었다. 이 행사에서 한국에 노르딕 워킹을 소개한 김경태 박사를 만났다. 또 평소 관절이 안 좋아 오래 못 걸었던 한 참가자가 '노르딕 워킹'을 하면서 끝까지 걸었다며 그에게 적극 추천했다. 그 해 아내인 김영란 전 대법관과 함께 김경태 박사에게 '노르딕 워킹' 교육을 받으며 그 매력에 푹 빠졌다. 그 때부터 워킹 폴을 가지고 다니며 '노르딕 워킹'을 실천했다. 그는 '노르딕 워킹'을 더 많은 이들에게 알리기 위해 2015년 설립된 '대한노르딕워킹연맹'의 총재도 맡고 있다.

'노르딕 워킹'은 1930년대 핀란드 헬싱키를 중심으로 시작된 걷기 운동으로 역사가 오래 되었다. 단순히 걷기만 하는 것이 아니라 스키 선수들이 양손에 스틱을 들고 경기하듯 폴을 잡고 양팔을 앞뒤로 흔들며 걷는 운동이다. 이는 스키 선수들이 하절기에도 동절기와 똑같은 몸의 컨디션을 유지하기 위해 처음 고안되어 노르딕 스키에서 노르딕 워킹으로 발전했다. 김경태 박사에 따르면, '노르딕 워킹'은 인체의 90% 근육을 활발하게 사용하는 운동이며 단순히 걷기만 했을 때 보다 운동 효과가 최대 50%까지 상승한다고 한다. 노르딕 폴을 쥐고 걷는 '노르딕 워킹'은 같은 속도로 그냥 걸었을 때나 가볍게 뛰었을 때와 비교해도 칼로리 소모량이 높다는 것이다. 또한 노르딕 워킹 동작은 평소 잘 쓰지 않은 상체의 힘을 길러주고 어깨와 목의 긴장감을 줄여주며 요통 방지에도 효과적이라고 한다. 더구나 무릎 관절에 무리가 없어 노약자에게도 좋고, 과체중이나 비만인 사람에게는 살을 빼는 운동으로 매우 효과적이다. 노르딕 워킹 예찬론자가 된 강 대표는 더 많은 이들이 노르딕 워킹을 실천하기를 바라면서 다음과 같이 말했다.

"노르딕 워킹은 생활 속에서 누구나 쉽게 하는 걷기 운동입니다. 양손에 스틱을 쥐고 걷는 것이 다를 뿐이에요. 스틱을 쥐고 양팔을 왔다 갔다 하며 두발로 동시에 걸으니, 마치 네발로 걷는 형상이에요. 팔 다리를 휘휘 젓듯이 앞으로 나가는 모양이니 신체가 골고루 균형이 잡히고, 평소 쓰지 않던 근육까지 쓰면서 건강에 정말 좋아요. 덩달아 신선한 공기를 마시며 면역력에 좋은 일광욕까지 즐기니 일석이조입니다. 지금 북유럽 등에서는 노르딕 워킹이 선풍적으로 인기를 끌며 유행 중입니다."

모두가 통곡물 먹는
'주식혁명(主食革命)'

약 10년 전 강 대표는 식습관을 완전히 바꾸었다. '주식혁명'이라고 할 만큼 그가 식습관을 바꾼 계기가 있다. 그는 2013년 'MBC TV 저녁 5시 뉴스'에 '커멘테이터'(뉴스해설자 역할)로 고정 출연했다. 저녁 5시부터 7시까지 매일 생방송을 하다 보니, 저녁식사를 하지 못하고 방송에 들어가게 되었다. 그래서 방송 전에 빵과 초콜릿 등을 급히 먹고 방송에 임했다. 8개월간 그렇게 습관을 들였더니 몸이 이상하게 변해갔다.

"저녁 5시부터 생방송이 이어졌기에 방송 직전 간식을 먹고, 방송이 끝나면 집에 가서 또 저녁밥을 먹곤 했어요. 방송이 끝난 8개월

후에 보니 몸무게가 5kg이 늘어났더라고요."

그러다 해외 출장에서 또 한 번 놀랐다. 별다른 노력이 없었는데 체중이 빠졌던 것이다.

"방송이 끝난 3개월 후 스리랑카에 갔다가 체중이 4kg 빠진 겁니다. 살을 빼려고 노력한 것도 아니어서 참 신기하다고 생각했어요. 그런데 해외에서 아침저녁으로 싱싱한 채소 위주의 식사를 한 것이 큰 시사점을 주었습니다. 우리 몸은 먹는 것에 큰 영향을 받는다는 걸 깨달았습니다. 이후 음식과 건강과 관련된 책을 100권 가량 읽으며 공부했어요. 건강하기 위해서는 운동도 하고 좋은 공기도 마셔야 하고 심리적인 안정도 구해야 하는데, 건강에 직접적인 영향을 주는 건 바로 먹는 거였습니다."

체중이 급증하고 또 저절로 빠지는 이유는 무엇일까? 달랐던 점은 방송 전에 달고 칼로리 높은 식품을 먹고, 안 먹고의 차이였다. 이를 계기로 강 대표는 식생활에 관심을 갖고 관련 서적을 탐독했다. 우리 몸에 해로운 음식과 이로운 음식을 구별했고 어떤 식습관을 가져야 하는지 답이 나왔다. 그 때부터 흰 쌀밥과 흰 밀가루를 완전히 끊고 현미잡곡밥을 먹기 시작했다. 하루 세끼 식단을 모두 통곡물로 바꿨고, 평소처럼 많이 걷고 움직이니 체중이 조금씩 빠지면서 1년이 지나자 무려 13kg 빠졌다. 지금까지도 군살이 없는 건강한 몸을 유지하고 있다.

"우리 몸의 세포는 모두 우리가 먹는 수분과 각종 영양소로 구성되기 때문에 건강 역시 먹는 것으로 풀어야 합니다. 음식 공부하면서 반성했던 것이 그동안 먹는 것을 무시하고 살았다는 것입니다. 그간 흰 쌀밥을 먹고, 흰 밀가루로 만든 빵과 과자, 라면, 우동 등을 별생각 없이 먹었던 삶을 철저히 회개하고 반성하며 결심했지요. 가장 먼저 주식을 바꿔야겠다고 생각했습니다. 우리 주식은 쌀이잖아요. 그래서 밥을 바꿨습니다. 현미, 현미찹쌀, 통밀, 귀리, 기장, 검은콩 위주로요. 이렇게 통곡물로 식습관을 바꾸자 저절로 13kg의 군살이 빠졌어요. 장기간에 걸쳐 자연스럽고 건강하게 감량이 된 것이죠. 더 중요한 건 그 이상으로 안 빠져요. 적정 체중인 것이죠. 지금 몸무게가 8년째 그대로입니다."

10년 가까이 이어온 통곡물 식습관은 단지 체중의 변화뿐 아니라, 건강한 체질로 바꿔놓았다. 또한 신체 건강과 함께 정신, 심리적 안정감까지 선사하였다. 어찌 보면 식습관 하나가 삶의 질과 가치관까지 바꿔 놓은 셈이다. 덧없는 세월 따라 인간은 점점 나이를 먹어가고 신체도 노화하기 마련이다. 그러나 그는 60대에 식습관을 통곡물로 바꾼 이후, 오히려 신체와 정신이 점점 젊어지고 있다.

통곡물은 쌀의 경우, 현미, 현미찹쌀, 녹미, 흑미, 홍미 등 '도정하지 않은 쌀'을 말한다. 즉 '왕겨'만 깎고(도정), 쌀눈과 쌀겨는 남겨둔 형태의 도정하지 않은 쌀이다. 보리의 경우는 '통보리', 밀의 경우는 '통밀'이며 이런 곡물들을 통틀어 '통곡물'이라 부른다. 따라서 밥은 현미밥 등을, 빵은 통밀빵을 먹어야 한다.

"통곡물을 먹어야 하는 이유는 굉장히 많습니다. 일제시대부터 도정기술 발달로 쌀을 깎기 시작했고 흰쌀이 부드럽고 잘 넘어가니 흰쌀을 선호하게 되었습니다. 하지만 쌀눈과 쌀겨에 영양분이 많으며 흰쌀은 탄수화물 덩어리인데 반하여, 현미는 단백질과 지방, 미네랄, 섬유소 등 각종 영양소가 많습니다. 따라서 현미만 꾸준히 섭취하면 따로 고기를 먹을 필요가 없습니다. 이처럼 통곡물을 먹는 것은 자연 그대로의 식사를 하는 것이므로, 건강과 영양을 다 잡는 것입니다."

강 대표는 현미밥을 꼭 먹어야 하는 이유 중, 가장 중요한 하나로 '씹기 운동'을 꼽았다. 현미는 흰쌀에 비해 입자가 거칠고 딱딱하여 꼭꼭 씹어 삼켜야 한다. 이는 치근막을 통해 뇌세포로 연결돼 뇌를 자극하게 되며 결과적으로 뇌 기능 회복과 활성화에 기여한다. 청소년에게는 기억력, 창의력이 키워지고 성인과 노인에게는 치매를 예방하는 효과를 준다. 뇌의 기능이 활성화되면 성격도 온화하고 긍정적으로 변화하며, 전신의 혈액순환을 원활하게 하는 효과도 누린다.

그는 일정상 부득이 밖에서 식사를 할 경우, 반찬 없이 통곡물밥만 도시락통에 싸온다. 그런 후 식당에서 나오는 채소, 나물 등의 반찬과 통곡물 식사를 한다. 그는 "전 국민이 통곡물 자연식에 습관을 들이면 소위 '생활 습관병'이라는 고혈압, 당뇨, 고지혈증을 비롯해 뇌혈관질환, 암 등이 대폭 개선되고 국가적 의료비용도 절감된다"고 강조하였다. 관점을 더 넓히면, 통곡물이 사람을 살리고 현대사회를 이롭게 하는 것이다.

"대한민국의 밥상을 통곡물 밥상으로 바꾸는 것이 저의 또 다른 사명이 되었습니다. 제가 경험해 본 바, 이는 시급한 문제입니다. 무심코 먹는 흰 밀가루, 흰 쌀은 만병의 주범입니다. 흰 밀가루, 흰 쌀은 부드러워 제대로 씹지 않고도 술술 잘 넘어가지요. 그야말로 탄수화물 덩어리를 잔뜩 먹게 되고, 금세 배고파 또 먹는 악순환이 일어나면서 혈당을 널뛰게 만듭니다. 그 결과 비만과 당뇨, 고혈압을 부르면서 만병의 원인이 되는 것입니다. 이러한 사실을 알면서 통곡물을 알리지 않는 것은 '사회 운동가'로서 태만이지요. 요즘도 흰밀가루로 만든 빵을 먹고 국수, 우동, 라면을 먹는 이들이 안타깝게 느껴집니다."

강 대표는 몸소 체험한 통곡물의 놀라운 효과를 널리 알리기 위해 '통곡물 자연식 식습관 운동'을 펼쳐나갔다. 체계적인 활동을 위해 2017년 '통곡물자연식운동본부'의 상임대표를 맡아 '대국민 통곡물 먹기 운동'에 시동을 걸었다. 이외에도 칼럼 기고, 저서 발간, 강연, 방송 출연 등 전 국민에게 통곡물 식사법을 알리고 있다.

지금껏 해왔던 '사회 운동'의 하나로, 열렬한 '통곡물 전도사'가 된 그는 2020년 통곡물의 효과와 기적을 담은 저서를 펴내기도 했다. 질병 없는 건강한 신체는 바른 식습관을 갖는데 부터 시작하는 것이리라.

가정의 행복은
'부부상경'에서 부터

　　예나 지금이나 '배우자'의 선택은 그 사람의 인생이
달린 문제다. 사회적으로 저명하고 존경받는 사람은 많지만 그들의
가정생활까지 속속들이 알기는 어렵다.

　　필자는 인터뷰를 위해 소위 성공했다는 이들을 만나봤지만 그들
의 개인사나 부부사이까지 알 수 없다. 그런 까닭에 저명인사 중에서
'결혼생활의 멘토'라고 할 만한 부부를 찾아보기 어렵다. 그런 점에서
강지원 대표와 김영란 전 대법관 부부는 가장 '모범적인 부부'의 모습
이 아닐까.

강지원 대표의 배우자는 '김영란법'으로 유명한 그 법의 당사자, 김영란 전 대법관이다. 그는 우리나라 최초의 여성 대법관이기도 하다. '김영란법'의 공식 명칭은 '부정청탁 및 금품 등 수수의 금지에 관한 법률'인데 일명 '김영란법'으로 많이 알려져 있다. 2011년 김영란 당시 국민권익위원회 위원장이 국무회의에서 처음 제안한 법으로, 공무원이 기준 금액 이상의 금품이나 향응을 받으면 직무관련성 및 대가성이 입증되지 않아도 형사처벌을 받는 것이 주요 내용이다. 2016년부터 시행된 '김영란법'은 우리 사회에 만연해온 부정한 청탁문화에 제동을 걸었고 부정부패에 근본적으로 대처하는 계기가 되었다.

'부창부수(夫唱婦隨)'라는 말이 있다. 남편이 창(唱)을 하면 아내도 따라 한다는 뜻으로, 부부 사이의 화합과 도리를 이르는 말이다. 흔히 '그 남편에 그 부인', 또는 '그 부인에 그 남편'이라는 의미로 쓰인다. 부부가 여러모로 닮은 구석이 많다는 뜻이다.

강지원 대표와 김영란 전 대법관 부부도 닮은 점이 참으로 많다. 2004년에 아내 김영란이 40대에 그것도 우리나라 최초의 여성 대법관으로 임명되었다. 그 해에 가진 부부 인터뷰에서 강 대표는 "요즘은 김영란 대법관 남편 강지원으로 더 많이 불린다"면서 "자꾸 들어서 그런지 자연스럽고, 나름대로 좋은 일 아니냐"면서 호탕하게 웃었다.

김영란 대법관은 "남편의 마음 씀씀이가 고맙다"면서 "대법관 직무에 더 충실해야겠다는 각오를 하게 된다"고 말했다.

당시 강 변호사는 아내가 대법관으로 임명되자, 대법관 소임에 소신껏 일하도록 법률사무소 대표를 사임하고, 당시 맡고 있던 KBS 라디오 시사프로그램 진행자도 그만 두었다. '법관은 공정성이 생명이며 대법관이라는 중책을 맡았는데, 남편이 하는 일로 오해가 생겨서는 안 된다'고 판단한 것이다. 또한 판사는 정치적 중립이 무엇보다 중요한데, 시사프로그램이 주로 정치를 다루다 보니 혹시라도 불필요한 오해를 살 수 있어 그만두기로 했다.

10여 년 전, 김영란 전 대법관은 대법관에서 은퇴한 후, 남들이 예상하던 전관예우 변호사의 길을 가지 않고 한 대학 법학전문대학원의 석좌교수직을 택했다. 대법관 출신 변호사는 3년 정도면 100억 원 수익도 가능하다고 말하는 사람도 있었다. 김 전 대법관은 전부터 "퇴임 뒤 변호사 개업을 하지 않겠다"고 공언해 왔다. 2012년에는 강 변호사가 제 18대 대통령 후보로 등록하자, 곧바로 권익위원회 위원장직에 사표를 제출하고 학교로 돌아갔다.

'부부상경(夫婦相敬)'이라는 말이 있다. '부부가 서로 받들어준다 것'을 뜻한다. 가정의 행복은 '부부상경'에서부터 시작되는 것이 아닐까.

2013년 2월에는 부부가 '강지원 김영란, 국무총리 하마평을 사양합니다'라는 제목의 보도자료를 공식적으로 언론에 배포하기도 하였다. 당시 출범한 정부에서 강지원 전 변호사와 김영란 전 국민권익위원장이 국무총리 등의 후보자로 이름이 오르내리는 상황에서 보도자료를 낸 것이다.

'두 사람은 국무총리직에 전혀 뜻이 없으므로, 후보 하마평에 오르내리지 않도록 언론에 협조를 요청한다'고 밝혔다. 덧붙여 '강지원 전 후보는 매니페스토 정치개혁 운동가로서 정치개혁을 위해 대통령 선거에 출마했던 것 일뿐, 국무총리 등 직책에 전혀 뜻이 없다'고 입장을 분명히 했다. 또한 '김영란 전 위원장은 고도의 정치적 소양이 요구되는 국무총리 직책에 적임자가 아니라는 생각을 가지고 있다'고 밝혔다. '두 사람 모두 국무총리 적임자가 아닌 만큼 하마평에 거론하지 말아 달라'고 공식 요청했던 부부. 그야말로 부창부수, 일심동체가 따로 없다. 부부는 2006년 '평등부부상'을 수상하기도 했다.

'가화만사성(家和萬事成)'을 굳이 언급하지 않아도, 인간의 가장 기본적인 평안과 행복은 가정에서 나온다. 강 대표는 "가족은 존재의 근원이자 DNA를 공유하는 사이"라고 말한다.

"가족은 한 뿌리에서 나오므로 공통분모가 많아요. 그래서 서로를 믿고 의지하고 돕는 것이지요. 어느 가정이든 가족 울타리가 튼튼하면 서로에게 보호막이 되고 일탈의 충동도 막게 됩니다. 검사 시절, 비행 청소년들을 만나면서 가정의 소중함을 절실하게 느꼈어요. 가출한 아이들이 잘 데 없고 돈이 떨어졌을 때 가장 먼저 생각하는 게 가족이더라고요. 가정으로의 복귀 심리는 본능인데, 현실이 힘드니까 일탈하는 거고요. 아이든 어른이든 가족 간에 안정감이 있고 믿음이 있어야 불행과 일탈을 막을 수 있어요. 가족은 삶의 텃밭이자 베이스캠프입니다. 수십 년간 청소년 문제를 다루고 심리학, 가족학 등을 공부하면서 새삼 가족의 소중한 가치를 깨달았습니다."

강지원 대표의 가훈은 '화락당(和樂堂)'이다. 선친이 계실 때부터 가훈으로 삼아왔다. 말 그대로, '화목하고 즐거운 집'이다. 우리도 그런 집이 되자는 뜻으로 가훈이 되었다.

"화(和)란, 희로애락의 감정을 초월하는 상태라고 할 수 있습니다. 가정에서 부부가, 형제가, 부모 자녀가 화락(和樂)하면 더 이상 바랄 것이 있을까요? 우리 가정에서도 서로 개성을 존중하고 이해하고 공감하려고 노력해야 합니다. 여기서 화(和)는 가정의 문제만이 아닙니다. 직장과 사회, 국가, 더 나아가 전 세계의 과제입니다."

가정이 평안하고 부부가 행복하면 서로 밖의 일이나 활동을 격려하고 응원하게 된다.

"젊을 때도 마찬가지지만 특히 나이를 먹고서는 아등바등 살거나 돈에 욕심을 부릴 필요가 없다고 봅니다. 그렇다고 무소유는 아니고 무작정 소유도 아닌, '적정 소유'가 옳다고 봅니다. 저는 죽는 날까지 제가 해야 할 일을 놓지 않을 생각입니다. 그 일은 제가 좋아하고 잘 하는 일이자, 더불어 이웃에게 도움이 되는 일입니다."

강 대표는 행복하려면 '하고 싶은 일', '잘 할 수 있는 일'을 찾아서 하라고 한다. 또한 환갑을 지나 노년에 이르는 나이가 되면, 돈벌이가 목적이 아닌, 정말 즐기는 일을 찾아서 해야 한다고 강조했다.

검사, 변호사로 활동하던 시절부터 차기 검찰 총장, 법무부 장관, 국회의원 등 숱한 고위직 자리를 모두 거절한 그다. 꽉 끼는 옷, 매우 헐렁한 옷 등 자신에게 맞지 않는 옷은 몸과 마음 모두 불편하다. 강 대표는 자신과 맞지 않은 옷, 그리고 행복하지 않은 자리는 설사 '평양감사' 자리여도 모두 사양하였다. 그에게 가장 잘 맞는 옷이자, 행복한 자리는 '사회 운동가'이다.

행복의 약속,
결혼 매니페스토

　'악기 연주하는 법을 배우듯 사랑하는 법도 배워야한다. 다른 사람을 사랑할 때 두려울 것도 더 바랄 것도 없이 우리는 세상의 모든 존재와 하나가 된다. 열매가 자라기 시작하면 꽃잎이 떨어진다. 영혼이 자라기 시작하면 우리의 약한 모습도 그 꽃잎처럼 모두 사라진다.

　가장 중요한 것은 나와 인연 맺은 모든 이들을 사랑하는 일이다. 몸이 불편한 이, 영혼이 가난한 이, 부유하고 비뚤어진 이, 버림받은 이, 오만한 이까지도 모두 사랑하라. 진정한 스승은 삶에서 가장 중요한 것은 '사랑'이라고 가르친다. 사랑은 우리 영혼 속에 산다. '타인 또한 자기 자신임을 깨닫는 것' 그것이 바로 사랑이다. 사람은 오직 사랑하기 위해서 이 세상에 태어났기 때문이다.'

톨스토이의 저서 '살아갈 날들을 위한 공부'(원제 Wise thoughts for every day)에 나오는 구절이다. '사랑'만큼 추상적이고 포괄적인 말이 있을까? 사랑은 저절로 생겨나는 것이 아니다. 톨스토이의 말처럼 악기를 배우듯 적극적으로 알아가고 배워야 하는 것이 사랑이다.

"결혼을 축하합니다. 여러분의 사랑을 더욱 키워 홍익적 사랑에 도전하세요."

강 대표가 주례를 설 때면, 이제 막 출발하는 부부에게 전해주는 덕담이다. 홍익적 사랑은 자신을 사랑하는 동시에 배우자를 사랑하고 그 범위를 크고 넓게 펼쳐나가는 것이다. 강 대표의 덕담은 예비부부의 사랑을 단단하게 하는 소중한 약속이자, 축복의 메시지가 되었다.

"어떤 사랑이든 먼저 '자기 자신'을 사랑하는 것이 중요합니다. 자기 자신을 사랑하지 않는데 누구를 제대로 사랑하겠습니까. 나를 사랑한다는 건 내가 '잘 난 것' '가진 것'만 사랑한다는 게 아닙니다. 내게 부족한 것, 내가 가지지 못한 것까지 사랑한다는 겁니다. 그래야 자존감이 높아지고 행복해집니다. 그리고 내 배우자, 가족을 사랑하고 나아가 타인, 이웃을 사랑하게 됩니다. 홍익적 사랑이 많아지면 세상은 더욱 행복해집니다."

강 대표는 2007년에 한 신문사 기자의 주례를 맡았다. 엄상현 동아일보 기자는 의미 있는 분이 결혼식 주례를 맡아주었으면 하는 마음에 강 대표에게 주례를 부탁했다. 당시에도 강 대표는 폭넓은 사회공헌 활동을 하고 있었는데, 특히 한국매니페스토실천본부 상임대표를 맡고 있어 주례도 흔쾌히 수락하였다. 강 대표는 이 결혼식 주례를 '한국 최초의 결혼 매니페스토 주례'로 하겠다고 마음 먹었다.

"결혼식을 며칠 앞두고 강 대표님이 저와 아내 될 사람이 서로에게 각각 5개씩 공약을 써서 보내달라고 했어요. 조금 당황스럽기도 했지만 저는 '뱃살을 꼭 빼겠다', '딴 주머니를 절대 만들지 않겠다' 등을, 예비 신부는 '남편의 건강을 위해 열심히 배우고 공부하겠다' 등을 적어 이메일로 보내드렸습니다. 그렇게 결혼식이 시작되고 강 대표님이 신랑, 신부의 공약을 하나씩 발표하는데 여기저기서 웃음과 환호가 터졌어요."

엄 기자는 "유명인사도 아닌, 노총각 기자의 결혼식에 이렇게 많은 기자와 카메라가 몰린 적은 전무후무하며, 신혼여행을 다녀오니 전국적으로 유명인사(?)가 되어 있었다"고 회고했다. 첫 번째 매니페스토 결혼식이 보도되자, 결혼을 앞둔 커플의 관심이 높아졌고 점차 매니페스토 결혼식이 늘어났다. 그해 2007년 5월 21일에는 '부부의 날'이 국가 기념일로 공식 지정되기도 했다.

2011년에는 아름다운 혼례문화 정착을 위한 100인의 선언식이 열렸다. 주요 내용은 사회적 위화감 조성과 경제적 부담을 줘서 결혼을 기피하거나 미루는 등의 결과를 초래하는 과시적 혼인문화를 지양하는 것이다. 호화 호텔 결혼식, 도를 넘은 예물과 예단, 청첩장 남발, 부담스러운 축의금을 척결하자는 것이다.

이 선언에는 각계의 사회지도층 인사 등이 참여하였고, 강지원 대표는 100인 선언문을 낭독하는 역할을 맡았다. 행사를 주최한 생활개혁실천협의회 신산철 사무총장은 "아름다운 혼례문화 정착을 위한 100인 선언은 기존 우리 사회의 결혼문화에 경종을 울렸고 이후 '작은 결혼식'의 시발점이 되었다"고 밝혔다.

"2012년 한국증권거래소에서 1호 커플의 결혼식이 열렸어요. 강지원 대표님은 일찌감치 도착해 주례를 맡아주셨어요. 이 예식은 부부로서 앞으로 지켜나가야 할 약속을 중심으로 진행한 '메니페스토 결혼식'이었어요. 강 대표님은 나와 배우자를 사랑하고 그 범위를 넓혀 타인을 사랑하라는 홍익적 사랑을 말씀하셨어요. '메니페스토 결혼식'이 화제가 되면서 많은 예비부부가 강 대표님의 주례를 부탁할 정도로 인기가 많았습니다."

2012년부터 전국적으로 공공시설 등을 이용한 작은 결혼식이 열렸다. 특히 부모의 경제적 도움 없이 신랑 신부의 힘으로 작은 결혼식을 올리려는 100쌍을 선정해 무료 주례자를 주선해주었다. 여기에 강 지원 대표는 100쌍 중 1호 커플의 무료 주례를 섰다.

신혼 때부터 부모님을 모시고 살았던 강 대표 부부는, 어떤 문제가 생기면 서로가 어떻게 받아들일 것인지를 놓고 많이 다투었다고 한다. 강 대표는 "인간에게는 본능적으로 지배에 대한 욕구가 있는데, 부부 사이에서는 그런 욕구를 포기하는 연습을 자꾸 해야 된다"면서 "젊었을 때는 자아감이 강해서 잘 안 되는데, 나이가 들면서 차차 욕구가 없어지며 상대방을 배려하는 것은 결국 스스로 지배 욕구를 포기하는데서 나온다"고 말했다.

"부부 싸움에 정답, 곧 정의만을 찾으려고 하면 안 됩니다. 그냥 서로가 그렇게 각자 맞다고 생각하는 것이 좋아요. 이건 판결이 아니니까요. 각자 옳다고 믿으면 되는 것이죠. 다만 상대방이 옳기도 하다는 것을 인정해야죠. 부부라면 그런 사랑이 함께 해야 합니다. 즉 사랑과 정의가 함께 하는 것이지요. 이는 '부부가 서로 받들어준다'는 '부부상경(夫婦相敬)'과도 같은 맥락입니다."

4
장

공공의 선(善)

청소년의 눈물에서 깨달은 것들

"세상이 너에게 무엇을 기대한다고 생각하니?"
(What does the world expect of you?)

"없어요!"
(Nothing)

"어떻게 하면 세상을 바꿀 수 있지?"
(How can we change the world?)

"도움주기요!"
(Pay it forward)

영화 '아름다운 세상을 위하여'(원제 : Pay it forward, 2000년)에서 사회 선생님 시모넷이 묻고 11살 소년 트레버가 말한다. 시모넷 선생님은 혼란한 이 세상에서 어떻게 하면 세상을 바꿀 수 있는지 물어보고, 트레버는 "Pay it forward"라는 답을 제시한다. 그리고 아이들에게 "세상을 바꿀 한가지의 아이디어를 생각해보고 실천하라"(Think of an idea to change our world and put it into action)며 학기 첫 과제를 낸다.

주인공 트레버는 '도움주기'에 맞는 과제를 실행한다. '자기 자신이 다른 세 명에게 선을 행하면, 그 세 명은 각자 다른 세 명에게 선행을 실천하는 것이다. 이렇게 착한 행동이 주변으로 계속 뻗어나가면서 결국은 '아름다운 세상이 되지 않을까?' 하는 것이 트레버의 생각이다.

오래 전 이 영화를 보고 큰 감동과 용기를 얻었다. 영화를 보는 내내 제목처럼 '아름다운 세상'을 꿈꾸며 해피엔딩을 기대했는데 뜻밖에 비극적인 결말을 맞아 눈물을 흘렸던 기억이 있다.

강지원 대표는 영화 '아름다운 세상을 위하여'가 참으로 많은 것을 생각하게 한다고 말했다. 한 소년이 '세상을 바꿀 아이디어'를 생각해 내는데, 그것은 한 사람이 세 사람에게 대가 없이 사랑을 베풀면 그 사랑을 받은 세 사람이 각기 다른 세 사람에게 사랑을 전달하는 것이다. 이런 사랑이 릴레이식으로 전달되면 세상의 모든 사람이 사랑으로 연결되어 결국은 아름다운 세상이 될 것이라는 아이디어다. 강 대표는 영화를 보면서 곰곰이 생각해 보았다.

'내가 누군가에게 대가 없는 사랑을 줘 본 적이 있던가? 그것도 낯모르는 이를 위해서…'

불현듯 초임 검사 시절 만났던 한 소년이 떠올랐다. 전주지검에서 청소년 범죄 담당 검사로 있을 때, 15살 소년이 오토바이를 훔쳐서 붙잡혀 들어왔다. 사건 조사를 마친 후, 별다른 생각 없이 소년에게 물었다.

"지금 제일 보고 싶은 사람이 누구니?"

"지금 제일 하고 싶은 일은 무엇이니?"

"네 꿈은 뭐니?"

소년은 이상하다는 듯이 검사를 쳐다보았다. 그러더니 조근조근 말하기 시작했다. 엄마가 보고 싶고 가족에게 미안하고, 친구 이야기를 하고 자신의 꿈이 무엇이었는지 한참을 이야기했다. 그러더니 묻지도 않은, 다른 범죄 사실까지 고백하며 용서를 구했다. 이내 눈물을 흘리며 펑펑 울기까지 했다. 당황한 초임 검사는 소년에게 우는 이유를 물었다.

"지금까지 제 이야기를 끝까지 들어 준 사람은 검사님이 처음이에요."

그 순간 초임 검사는 가슴이 시큰했다. 누군가의 말을 진심으로 들어주는 것만으로 사람의 마음을 위로하고 변화시킨다는 사실이 참으로 놀라왔다. 소년은 석방 조치로 풀려났고 그 이후로 소년의 소식을 들을 수 없었다.

초임 검사 시절 소년과의 만남을 계기로, 젊은 검사는 청소년을 돕는 일에 관심을 가졌다. 그리고 이때부터 심리학, 정신분석학 등의 학문에 파고들면서 청소년, 나아가 인간의 심리와 정신에 대해 공부하기 시작했다.

"초임 검사가 소년 범죄자의 사건을 다루면서 제 인생에도 큰 전환점이 되었습니다. 사법고시 합격 후 자연스럽게 검사의 길에 들어섰지만, 사실 검사라는 직업은 제 적성과는 맞지 않았습니다. 범법 행위로 검거된 청소년에게 사사건건 의심을 품고 취조하고 문초하듯 상대해야 하는데 저는 '어린 친구가 왜 이렇게 됐을까?' '오죽하면 훔쳤을까'하고 이해를 먼저 하게 되더라고요. '이들은 내 어린 시절과 다를 게 없는 애들이며, 잠시 실수로 이 자리에 있을 뿐'이라는 생각이 들었습니다. 검사라는 직업을 떠나 이들이 바른 길을 가도록 방향을 잡아주고 모든 청소년이 존중받는 사회를 위해 노력해야겠다고 마음 먹었습니다. 급기야 이 일은 제 필생의 과업이 되었습니다."

우연히 비행 청소년을 담당하면서 단지 조사에 그치지 않고 청소년 선도에 앞장서 온 강지원 검사는 1989년 청소년 교화기관인 '서울 보호관찰소' 소장을 역임한다. 1989년 우리나라에 보호관찰법이 처음 제정되었다. 그는 보호관찰소 소장으로 있으면서, 보호관찰의 일환으로 비행 청소년의 '사회봉사명령'을 처음 집행하였다. 잘못을 저지른 청소년들이 봉사활동을 하면서 자신의 행동을 뉘우치고 나아가 세상에 보탬이 되도록 만든 제도이다. 이후 '사회봉사명령제도'는 사회에 큰 반향과 긍정적 효과를 주면서 잘못을 저지른 성인으로까지 확대되었다. 비행 청소년의 봉사활동이 교화에도 효과적일 것으로 보고 도입했지만, 초창기에 그는 실제 봉사 현장에서 혹시라도 불미스런 일이 벌어지지 않을지 걱정과 우려가 있었다. 그는 반신반의하는 마음으로 봉사활동에 직접 참여했다.

어느 날 비행 청소년 30여 명을 데리고 당시 서울 종로에 있던 중증 장애인시설 '라파엘의 집'에 갔다. 거기서 아이들이 중증 장애인들을 고덕동의 수영장에 데려갔다. 아이들은 중증 장애인 한 명 한 명을 부축하고 조심스럽게 휠체어로 옮기고 버스에 태웠다. 수영장에 도착해서는 장애인들을 한 사람씩 보살피면서 함께 물놀이를 했다. 가만히 지켜보니, 아이들은 행여 장애인들이 미끄러지거나 다치기라도 할까봐 조심조심 정성을 다해 보살펴주었다. 처음에 가졌던 우려가 안도의 한숨으로 바뀌었다. 더 놀라운 것은 뒤에 일어났다. 봉사를 마치고 아이들의 소감 발표가 있었고 뒤쪽에는 아이들의 어머니도 와있었다. 발표하러 나온 한 아이가 한참동안 말문을 열지 않았다. 이내 울먹이더니 눈물을 닦고 난 후 어렵게 입을 열었다.

"사랑하는 어머니, 저는 어머니를 그토록 사랑하면서도 지금까지 사랑한다는 말을 한 번도 해보지 못했습니다. 그리고 사사건건 하지 말라는 짓만 골라 하면서 어머니 가슴에 못을 박았습니다. 오늘 법원의 명령을 받고 장애인들을 위한 봉사활동을 하면서 맨 먼저 어머니가 떠올랐습니다. 저는 장애인들을 돌보면서 저 분들은 온 몸이 불편한데도 그렇게 해맑은 미소와 눈망울을 가졌는데, 나는 왜 사지가 멀쩡한데도 이 모양 이 꼴로 심보가 삐뚤어져 죄를 짓고 벌을 받는가, 돌아보게 되었습니다. 오늘 제가 장애인들을 보살피는 마음은 어머니가 저를 보살피는 마음과 같은 거라고 생각했습니다. 어머니 용서해

주세요."

울먹이며 "용서해 주세요"라고 말을 마치자, 아이의 어머니는 끝내 울음을 터뜨렸고 주변은 금세 눈물바다가 되었다.

그때 강지원 검사는 '봉사의 힘'을 느꼈다. 봉사활동이 단순한 활동을 넘어 아이들을 긍정적으로 변화시키며 큰 저력을 발휘한다는 것을 알았다. 그 후 몇 년이 지나, 5.31 교육개혁을 계기로 전국의 중, 고등학교 학생들에게 자원봉사 프로그램이 도입되었다.

'청소년 지킴이', '청소년 수호천사'

살다보면 자신의 생각이나 의지와 상관없이 전혀 다른 방향으로 삶이 흘러가기도 한다. 이는 마차에서 이탈한 수레바퀴가 어디로 굴러갈지 모르듯, 예상치 못하게 삶의 방향이 꺾이기도 한다. 그래서 혹자는 '운명'이라고 했던가.

강지원 검사가 비행 청소년을 만난 이후 '청소년 지킴이'로 불리게 된 것은, 어쩌면 '운명의 수레바퀴'가 그를 이쪽으로 이끈 것이 아닐까. 초임 검사의 첫 발령지가 전주지검이었고, 하필 그곳에서 맡은 첫 업무가 소년사범 사건이었다. 낯선 지방 발령지에서 예기치 않게 '청소년'을 만난 건, 그의 운명이 아니었을까.

그가 서울지방검찰청 검사로 재직 당시, 우리나라는 1989년 보호관찰법의 시행으로 소년범에 대한 보호관찰을 시작했다. 이때 보호관찰소가 국내에 처음 문을 열었고 강지원 검사는 서울지방검찰청 고등검찰관으로서 '서울보호관찰소' 소장으로 부임하였다. '보호관찰제도'란 범죄자를 교도소나 소년원 등 교정시설에 수용하지 않고 선도, 교화, 개선에 집중하는 제도다. 신설된 서울보호관찰소의 초대 사무과장을 지낸 이무웅 경기대 외래교수는 "강지원 소장님은 신설된 서울보호관찰소의 안정적인 정착을 위해 아예 상임으로 근무하면서 본격적으로 업무 기반을 조성하고 토대를 닦아나갔다"고 회고했다.

　　"강지원 소장님은 '보호관찰'이라는 새로운 제도가 잘 정착되도록 혼신의 힘을 다했습니다. 그의 재직 시절은 업무가 무에서 유를 창조하던 때였습니다. 강 소장님은 새로 구성된 조직원의 업무 하나 하나에 매뉴얼과 실천 지침을 만드는 등 처음 개척하는 보호관찰제도의 길잡이 역할을 해주셨습니다. 당시 개청 준비에 법무부 산하 검찰, 교정, 행정직 등 다양한 부서에서 선발된 직원들이 모이다 보니 융화가 안 되고 업무 집행도 어려웠습니다. 이런 어려운 상황에서 강 소장님은 직원들의 융화와 사기 진작에 힘쓰면서 조직의 기틀을 다졌습니다."

이무웅 교수는 "강 소장님은 기관장임에도 직원들의 업무 현장을 직접 답사하면서 격려하고 지도하면서 효율적인 업무 환경을 조성해 나갔다"면서 "그는 온화하면서 인간적인 외유내강형의 지도력을 발휘했다"고 말했다. 나아가 "이러한 강 소장님의 면모를 보면서 직원들은 융화하고 저절로 사기가 올라갔다. 강 소장님의 추진력과 인화력, 직원의 화합과 역량이 조화를 이루면서 서울보호관찰소는 타 기관의 모범적인 선도기관이 되었다"고 밝혔다.

강지원 소장은 1989년 9월 부임과 동시에 폭력과 절도, 약물 남용 등 비행을 저지른 청소년의 수강 명령 집행을 위해 서울적십자 청소년복지관과 손잡고 '푸른교실'이라는 수강 프로그램을 개발해 첫 시범을 보였다. 그해 11월에는 비행 청소년의 사회봉사 프로그램을 만들어 서울의 현충원, 종묘를 비롯해 사회복지관, 농어촌 등을 찾아 봉사하도록 하였다. 그의 재임 시절에 '비행 청소년, 첫 사회교육 명령', '강도미수 10대 4명 보호관찰명령', '보호처분 30명 푸른교실 수강', '보호관찰 재범률 크게 낮아져' 등의 제목으로 각종 매스컴에 보도되는 등 세간에 큰 관심과 격려가 이어졌다.

법무부 관찰과장으로 자리를 옮긴 그는 가정문제나 사회환경 문제도 제기하였다. 청소년문제는, 단지 청소년만의 문제가 아닌, 근본적으로 파헤쳐 보면 가정과 사회환경에서 기인한다는 것을 일찌감치 간파한 것이다. 1994년 한 여성단체의 초청으로 그는 '건전가정육성을 위한 토론회'에서 '건전가정 30훈'을 발표했다. "문제가정이 있을 뿐, 문제아이는 없다."는 평소 소신대로 가정교육의 중요성을 알린 것이다. 여기에는 부부문화의 창조, 효자문화의 창달, 대화문화의 확립, 물질문화의 개선, 검약문화의 실천, 혼례문화의 개혁, 애타문화의 실현, 정신문화의 수련 등이 담겼다. 약 30년 전에 남들이 생각하지 못한, 가정교육의 핵심 메시지를 전했다는 사실이 무척이나 놀랍다.

1997년 정부에 '청소년보호위원회'가 신설되었고, 강지원 검사는 초대 위원장을 맡았다. 세간에서는 가장 적합한 인물을 인선했다고 호평을 쏟아냈다. 당시 우리 사회에서 '청소년'하면 '강지원'이었다. 청소년 문제에 관해서는 그를 따라 올 자가 없었다. 검사라는 직업을 넘어 '청소년 지킴이', '청소년 수호천사'로 불리며 우리 시대 최고의 '청소년 전문가'가 그였던 것이다.

당시 우리나라에서 '청소년보호법'이 처음 시행되는 때여서 국민적 관심이 높았고 그는 신설된 '서울보호관찰소' 소장에 이어, 또다시 막중한 책임을 어깨에 짊어지게 됐다. 그는 청소년에 대한 술, 담배 판매 금지를 비롯해 청소년의 유흥업소 출입 및 고용금지, '청소년의 성보호에 관한 법률 제정' 등의 조치를 취해 나갔다. 지금도 술, 담배 판매업소에 붙어있는 '19세 미만 판매 금지', 유흥업소 입구의 '19세 미만 출입금지' 표시판이 모두 그 때 시행된 것이다. 또한 성인용 잡지에 비닐 커버를 씌워 청소년이 뜯어 볼 수 없게 한 것이나 TV 프로그램 중 ⑲, ⑮ 등 연령 제한 표시가 있는 것도 그가 나서서 추진했다. 유흥업소 밀집지역에 청소년 야간통행 금지, 청소년 상대 성범죄자 신상 공개, 학대아동과 여성에 대한 법률적인 구호에 적극적으로 나섰다.

그는 청소년을 위한 활동을 하다가, 청소년의 절반은 여성이고 10%는 장애 청소년이라는 사실을 알게 되었다. 예컨대 여성 청소년은 또 다른 어려움에 처하는 일들이 많았다. 성폭력의 대상이 되거나 성매매 착취의 대상이 되는 것이다. 자연스럽게 여성 문제나 장애인 문제에도 관심을 갖게 되었다. 이러한 공로로 2000년에 김수환 추기경과 함께 '인제인성대상'을 수상했고, 받은 상금 1,000만 원 전액을 결식아동 돕기에 써달라고 사랑의 열매에 기부했다. 소년원에 수감 중인 청소년들을 위해 명작소설 41질을 구입해 기증하기도 했다.

2002년 검사복을 벗고 변호사의 길로 들어선 이후에도 그는 변호사 업무 뿐 아니라 방송 출연, 칼럼 기고, 강연 등 다양한 활동을 펼쳐 나갔다. 2005년 한국리더십센터에서 실시한 '가장 신뢰, 존경받는 리더'에서 강지원 변호사가 시민운동 부문에 1위로 선정되기도 하였다. 2년 후에는 '국민훈장 모란장'을 수상했다. 2006년에는 청소년 잡지 〈큰 바위 얼굴〉을 발간하며 잡지 만드는 일에도 열정을 쏟았다. 그가 쓴 창간사에는 청소년에 대한 사랑과 열의가 보인다.

"우리는 청소년, 어린이들에게 반드시 자신만의 큰 바위 얼굴을 모색해 보라고 권합니다. 그 얼굴은 한 가지만이 아니라 여러 가지가 되기도 하고, 고정된 것이 아니라 변화하고 발전하는 것입니다. 자신만의 큰 바위 얼굴을 가지고 늘 꿈꾸고 그렇게 되기 위해 노력하는 이는, 비록 그런 인물이 되지 못한다고 해도, 다른 이들의 눈에는 '큰 바위 얼굴'같은 인물로 비쳐질지 모릅니다."

그는 "청소년을 선도하자고 다니다 보니, 정작 선도된 사람은 바로 저 자신입니다"라고 말한다. 사랑하는 청소년들에게 '큰 바위 얼굴'을 찾아 주기 위해 혼신의 힘을 다했던 '청소년 지킴이' 강지원 변호사. 그의 남다른 청소년 사랑은, 한 발 더 나아가 모든 사람을 초월한 인류애로 승화하였다.

나의 발견, 타고난 적성 찾기

　　강지원 대표가 청소년 운동을 하면서 가장 중점적으로 강조한 부분이 '청소년 적성 찾기'이다.

　　"저는 젊은이들에게 자신의 운명을 남의 손에 맡겨놓지 말라고 말합니다. 직장인들은 인사철이 되면 인사권자의 얼굴만 쳐다봅니다. 저는 제 인사이동을 제 마음대로 하고 다녔습니다. 남들이 말하는 자리, 세속적인 기준에서 좋은 자리가 아니라, 내 적성에 맞는 자리를 스스로 찾아다닌 것입니다. 변호사로 전직한 몇 년 후에는 변호사 사무실 문도 닫았습니다. 앞으로 제가 가야할 길은, 적어도 법률사무소에서 돈벌이를 하는 일은 아니었습니다."

그는 자신을 필요로 하는 곳이 늘어날 때마다 자신의 적성에 맞는 일이라고 판단되면 최대한 참여하였다. 우리 사회에 도움이 되고 적성에 맞는 일을 펼쳐나갈 때 길은 또 다른 길을 열어주었다. 그는 청소년 문제를 연구하면서 인생관이 바뀌었다. '출세하고 돈 많이 버는 것이 좋은 삶인가, 행복한 삶인가' 스스로에게 물었다. 그가 내린 결론은 '자신이 하고 싶고, 잘 하는 일, 즉 자신의 적성에 맞는 일을 마음껏 하면서 스스로 만족하는 것이 행복한 삶이자, 선한 삶'이다. 그리고 이왕이면 그 일을 통해 이웃과 사회에 보탬이 되자고 결심했다. 이것이 자신과 공동체에 대해 사랑과 정의를 실현하는 길이라고 보았던 것이다. 그는 '청소년 지킴이'로서 '타고난 적성 찾기 운동'에 열정적으로 나섰다.

2015년 12월, 강 대표는 아내 김영란 전 대법관과 함께 멕시코 인디오 마을을 찾았다. 미국 LA까지 비행 후, 국경을 넘어 7시간의 야간 이동 끝에 인디오 마을에 도착했다. '위즈덤적성찾기캠프스쿨'에서 마련한 해외 캠프에 우리나라 청소년들과 참가한 것이다. '위즈덤적성찾기캠프스쿨'의 박미애 대표는 "강지원 대표님은 국내를 넘어 해외까지 '적성찾기캠프'에 참여하여 청소년들의 멘토 역할뿐 아니라, 청소년바로세우기 컨퍼런스, 토크콘서트, 자선음악회 등 여러 활동에 앞장섰다"면서 "캠프에서도 아이들을 위해 많은 이야기를 풀어놓았고 특히 '적성 찾기 프로그램'을 직접 만들고 실현하면서 모두에게 감동 어린 순간을 선사했다"고 밝혔다. 박미애 대표는 인디오 마을에 다녀온 후, 우리나라에 '아이들의 적성 찾기'가 무엇보다 중요한 것임을 직시한 후, 전문 강사진을 확보해 본격적으로 '위즈덤적성찾기캠프스쿨'을 꾸려나갔다.

"강 대표님이 직접 만든 프로그램을 교수한 전문 강사진이 전국에 수십 명에 이릅니다. 강 대표님의 철학을 이어받아, 주입식 교육에서 벗어나 적성위주의 교육으로 바꾸는 일에 많은 강사들이 함께 하고 있습니다. 우리 아이들의 행복한 진로와 미래를 위해 여러 학교와 기관에서 적성찾기 캠프 활동을 전개하고 있습니다"

박 대표는 "위즈덤적성찾기캠프는 강지원 대표님이 직접 창안한 최초의 적성 찾기 캠프이며, 이 캠프에 참여한 아이들이 '나 자신에 대해 이렇게 고민하면서 탐색해 본 적이 없었다'고 소감을 발표할 때 많은 보람을 느꼈다"면서 "아이들에게 적성을 찾아야 하는 의미를 심어준 것만으로, 매우 뜻 깊은 시간이었다"고 말했다.

위즈덤적성찾기캠프스쿨은 방학 때마다 전국 학교에서 신청을 받아 제주도, 포항, 남해 등 전국 곳곳에 캠프를 열었다. 2016년 8월,

제주도에서 열린 4박 5일간의 캠프는 모두에게 선물 같은 시간이었다. 35명의 중·고등학생과 대학생 매니저, 봉사자 등 50 여 명은 다양한 체험활동을 하면서 '나'를 탐색하는 시간을 가졌다. 강지원 대표는 이 캠프에서 학생들에게 열강을 토했다.

"자기 발견은 위대한 발견이다. 어릴 적 꿈, 현재의 꿈을 적어보고 내 안의 많은 적성을 찾아보라. 나의 적성을 기록해 보고 융합해 보자. 이제껏 우리가 생각하고 있는 꿈들이 얼마나 황당하며 잘못된 정보에 의한 것이었음을 알게 된다. 적성은 무엇인가? 하고 싶은 것과 잘하는 것이 겹치는 부분이 적성이다. 나에게 질문을 해보라. 내가 파랑색을 좋아하는지 노란색을 좋아하는지, 내가 어떤 놈인지 잘 모르겠거든, 늘 나에게 질문하며 탐색해 보라! 우리는 우리의 꿈이 먼 미래에 있다고 생각한다. 그건 아니다. 지금 당장 여기에서 꿈부터 적어보자. Here & Now!"

적성찾기캠프는 중국에서도 진행되었다. 중국 조선족 중학교에서 캠프를 전개하였는데, 캠프에 참여한 선생님과 학생 등의 반응이 뜨거웠다. 점차 중국에서도 주입식 교육에서 탈피해 학생들의 진로탐색 교육을 진지하게 시도하고 있다고 한다. 박 대표는 "중국 조선족학교에서 그들과 교류하고 사랑을 나누었던 경험은 참으로 의미 있고 행복했다.”면서 “적성 찾기는 이제 대한민국을 넘어 세계의 다음 세대에까지 이어지도록 힘찬 발걸음을 내딛었다”고 밝혔다.

강 대표는 2011년 퇴직 교장선생님들과 함께 ‘한국적성찾기국민실천본부’를 설립해 상임대표로도 활동해 왔다. 그는 “이제는 청소년들 뿐 아니라, 온 국민이 나이와 상관없이 저마다의 타고난 적성을 찾는 일이 중요하며, 이는 행복으로 가는 지름길”이라고 힘주어 말했다.

강지원 대표는 ‘학교폭력피해자가족협의회’도 물심양면으로 지원하면서 아동, 청소년의 전인적 성장에 적극 나섰다.

‘학교폭력피해자가족협의회’ 조정실 회장은 “학교폭력문제를 해결하기 위해 발 벗고 나섰지만 당시 규정이 없는 현실에서 번번이 좌절했던 우리에게 가장 앞장서서 목소리를 내고 법률자문을 맡은 분이 강지원 변호사님이었다”면서 “강 변호사님은 피해 부모들을 다독이면서 끝까지 함께 싸워주셨다”고 했다. 또한 “한 때 사무실이 없던 저희에게 변호사 사무실 한 켠을 사용하도록 해주셨다. 누구보다 학교폭력문제에 사회적 관심을 촉구하면서 강연, 인터뷰 등 마다않고 뛰어다닌 강 변호사님이 아니었다면, 우리가 끝까지 불의에 저항하지 못 했을 것”이라며 고마움을 표시했다.

장애인, 여성, 사회적 약자

아동, 청소년을 위한 그의 활동은, 장애인, 성폭력 피해자 등 여성을 지원하기 위한 봉사운동으로 확장되었다. 이후 다양한 사회적 약자를 위해서도 발 벗고 나서면서 그는 여성인권 전문 변호사, 장애인의 대부, 약자의 대변인 등으로 불리기도 했다. 변호사 시절 열악한 피해 여성들을 위해 무료 변론 활동에 나선 것도 이런 동기에서였다. 그 과정에서 피해자적 감수성이 없는 검찰과 법원에 쓴 소리를 하는 것도 그의 몫이었다.

강 변호사는 2005년 장애인을 위한 단체인 푸르메재단의 설립 시부터 대표로 추대되었다. 그는 "60만 장애어린이들이 재활치료를 받는 것은 그 부모들뿐 아니라 우리 사회에 희망을 주는 일"이라며 대표를 맡았다. 푸르메재단 백경학 상임이사는 "일면식 없던 강 변호사님에게 전화를 걸어, 장애 어린이들이 재활치료를 잘 받아 독립적으로 살아가도록 재단설립에 힘을 실어달라고 부탁했는데 흔쾌히 승낙하셨다"고 밝혔다.

"강 변호사님은 정말 우리 사회에 꼭 필요한 일이라며 자신이 어떤 역할을 할 수 있을지 모르나, 힘닿는 데까지 최선을 다하겠다"하면서 "어린이재활병원을 짓는다는 것이 결코 만만치 않은 일이었지만 강 변호사님은 불가능이란 없다면서 모두 시도해보자고 하면서 푸르메재단 일이라면 만사 제쳐놓고 달려오셨다"고 말했다.

푸르메재단은 서울 종로 푸르메재활센터에 이어, 2016년 서울 마포구 상암동에 어린이재활병원을 세웠다. 이는 국내 최초의 어린이재활병원이자 시민병원이다. 강 대표는 2017년부터는 이사장직을 맡아 봉사하고 있다. 푸르메재단은 최근 장애인을 고용하기 위해 스마트팜을 설립하기도 했다.

1991년 성폭력문제를 전문으로 상담하는 우리나라 최초의 비정부기구로 설립된 한국성폭력상담소의 이미경 전 소장은 "1994년 성폭력특별법이 제정되며 법과 제도가 새롭게 마련되었지만 실제 현장에서 피해자를 상담하고 지원하다보면 사건 특성에 대한 괴리가 컸다"고 하였다. 또한 "2004년 수사와 재판과정을 모니터링하고 개선방안을 위해 '성폭력 수사, 재판 시민감시단'을 발족하였고 여기에 역할을 맡아줄 최적임자가 강지원 변호사였다"고 회고하였다. 상담소는 '성폭력 피해자 권리헌장'을 제정하였고 이 과정에서 강 변호사는 사업의 활동 방향에 관해 제안하고 법적인 조언을 아끼지 않았다. 이미경 소장은 "강 변호사님은 유명 탤런트의 변호사 수임료 절반을 우리 시민감시단에 기부하고, 절반은 밀양 성폭력 피해자 가족에게 지원하도록 하는 등 경제적 기반도 마련해주시면서 물심양면으로 도움을 주셨다"고 했다.

2004년, 전국을 떠들썩하게 했던 일명 '밀양 집단성폭력 사건'은 우리 사회에 큰 파장과 오점을 남겼다. 이 사건은 밀양 지역 남고생 수십 명이 약 1년에 걸쳐 한 여학생을 집단 강간하여 충격을 주었다. 그런데 수사 과정에서도 여러 문제점이 발생했다. 수사를 맡은 경찰관이 피해자에게 "밀양의 물을 다 흐려놓았다"고 발언하고 피해자와 가해자들을 한 곳에 모아 대질시키고, 가해자가 반성은커녕, 경찰서에서 피해자에게 폭언과 협박을 일삼았다. 또한 일부 가해자와 그 부모의 반성 없는 뻔뻔한 태도에 분노한 네티즌들이 가해자 신상털이에 나서기도 했다. 당시 네티즌들 사이에서 "강지원 변호사님, 지금 뭐하고 계십니까? 당장 이 피해자를 지원해 주세요!"라고 그를 소환하는 일이 생겼다. 당시 강 변호사는 "사람들이 자신을 찾는다는 얘기를 듣고 깜짝 놀랐다"고 회고했다.

이미경 소장은 "밀양 성폭력 수사재판과정에서 부당하고 불법한 사례에 대응하고자 시민감시단이 출범했고 이 사건의 피해자를 지원하는 일에 뛰어들었다"고 말했다. 이 소장은 강 변호사님의 전화를 받고 사건 지원을 위해 강 변호사님과 울산으로 갔다고 한다. 강 변호사는 울산에서 피해 학생과 가족을 만나고 사건공동대책위, 해당 경찰서, 검찰청, 법원을 방문하는 등 사건의 진상을 하나하나 파악해 나갔다. 이미경 소장은 "사안의 심각성을 느낀 여성가족부와 국회에서 진상조사단을 꾸렸고 국가인권위원회에서도 직권조사를 실시해 해당 경찰관의 징계 및 시정권고를 하였다. 이 사건의 형사소송에서는 총 44명의 피의자 중 단 10명만 기소되었는데 이 10명은 부산지법 가정지원 소년부 송치로 마무리되면서 솜방망이 처벌이라는 비난을 받았다"고 했다.

"2005년에 강지원 변호사님은 이 사건의 성폭력 2차 피해에 대해 국가를 상대로 손해배상소송을 제기하였으며 이 소송을 무료 변론하였습니다. 2006년 1심에서는 인적사항을 누출한 것만 인정해 총 1,300만원을 배상하도록 했고, 양측은 모두 항소했습니다. 고등법원에서는, 피의자들을 대질시켜서 범인을 지목하게 한 것과 피해자를 비난하는 발언을 한 것은 위법한 공무집행이라며 5,000만원을 배상할 것을 판결하였고, 2008년에 대법원은 이를 확정했습니다. 성폭력 2차 피해에 대한 국가 책임을 묻는 소송에서 강지원 변호사님이 우리나라 최초로 승소 판결을 이끌어 낸 것입니다."

청소년인권보호센터에서 일했던 김미랑 소장은 "2003년부터 성착취 피해 청소년의 법률지원 및 인권 보호를 목적으로 여러 사업을 했는데, 이 중심에 강지원 변호사님이 계셨다"고 했다. "당시 강 변호사님은 청소년 문제나 성매매 관련 업무에 집중하였고, 법률사무소 한 쪽에 있던 센터에는 청소년 인권 등과 관련해 억울함을 느끼던 이들이 자유롭게 드나들었다"고 했다.

"이들에게는 저마다 절박한 사연이 있었고 강 변호사님에게 도움을 청하기 위해 왔는데, 당시 사무실 문턱이 낮아서 누구나 강 변호사님을 만날 수 있었습니다. 이는 강 변호사님의 자유로운 가치관과 더불어 세상 사람들을 널리 이롭게 하려는 홍익인간의 마음이 반영된 것입니다."

'다사리' 정신, 나눔 봉사, 건강

강지원 대표는 2016년부터 '민세안재홍기념사업회'와 '신간회기념사업회' 회장으로도 봉사하고 있다. 그는 민세선생의 '다 말하고 다 살리다'는 '다사리 정신'이야말로 오늘날 우리 사회의 통합과 공생, 그리고 사랑을 실현하는데 기본이 되는 정신이라고 말한다. 나아가 민세의 '다사리 정신'은 국내를 넘어 세계적인 다사리 정신으로 확장되어, 한민족 뿐 아니라 전 인류의 행복을 추구하는 정신이라고 강조하였다. 민세 안재홍은(1891~1965)은 일제강점기에 독립운동을 이끌어 온 인물이다. '대한민국 청년외교단' 총무, 최대 항일운동단체 '신간회' 총무간사, 조선어학회 등에서 활동하며 9차례에 걸쳐 7년 3

개월간 옥고를 치렀다. 사업회는 2010년 포럼에 강지원 변호사를 초 정연사로, 이후 심사위원으로 초빙했고 2012년 사업회의 수석부회장 으로 추대하였다. 현재까지 강 대표는 '민세안재홍기념사업회'와 '신간 회기념사업회' 회장을 맡아 여러 일을 추진하면서 사업회에 활력을 불어넣고 있다. 사업회 황우갑 사무총장은 "강 대표님은 민세의 생가 보존에도 힘썼고 기념회에 애정을 갖고 많은 활동을 펼쳤다"면서 "특 히 강 대표님은 뛰어난 협력 능력을 가졌는데 회장단 및 사무국의 의 견을 존중하고 부족한 부분이 있다면 대안을 제시하며 노력한다"고 말했다.

"늘 긍정의 힘과 활기찬 에너지는 강 대표님이 전해주는 큰 강점 입니다. 사업 추진 과정에서 여러 실수가 있어도 늘 잘했다고 칭찬하 고 모자라는 것은 보완하자고 격려해 주곤 합니다. 어려운 일이 있으 면 '독립운동 정신 선양사업은 떳떳한 일이다. 누구든지 만나 협조를 구하고 함께 하자고 호소하자'며 늘 희망을 심어줍니다. 그의 타고난 생애봉사 능력을 보면서 저 역시 생애 후반의 삶도 그렇게 되었으면 좋겠다고 생각하였습니다."

2009년 목회자 100여 명이 지역 사회의 어려운 이웃을 섬기고 돕고자 봉사단체를 설립했다. 사단법인 '나눔플러스'이다. 그 해 연말 출범식을 가졌고, 강지원 변호사가 총재로 추대되었다. 그는 인사말에서 "우리나라는 심각한 경제적 양극화 현상이 있고, 특히 기초생활수급자 등 극빈 계층은 정부가 돕지만 신빈곤층이나 기존의 차상위계층은 점점 빈곤의 나락으로 떨어지는 상황"이라고 언급했다. 또한 "동네 안의 빈곤 문제는 일차적으로 동네 안에 있는 사람들이 힘을 합쳐 해결하는 것이 가장 현명하며, 주민들이 십시일반으로 동네의 가장 어려운 이들을 돕는 운동이 필요하다"고 밝혔다.

나눔플러스에서는 반찬 나눔을 비롯해 빨래방 사업, 아동, 청소년 공부방 운영, 푸드뱅크, 경로잔치, 김장나누기, 사랑의 쌀 나누기, 사랑의 바자회, 청소년 장학사업 등 다양한 나눔 활동을 펼쳐나갔다. 이현식 이사장은 "강지원 총재님은 행복 전도사"라고 한다. 강 총재는 활동가들이 모인 특강에서 "행복은 어두운 그림자를 싫어한다. 이는 게으름과 나약함, 겁과 두려움, 원망과 불평 등이다. 불행은 어두운 그림자가 낳은 대표적인 결과물"이라면서 "우리 모두는 불행의 씨앗을 저 멀리 날려 보내고 행복의 씨앗을 퍼 나르는 행복의 전도사가 되었으면 한다"고 역설했다.

몸과 마음의 건강을 배우는 '보건 교육'은 현재 우리의 모든 학교에서 의무적으로 실시되고 있다. 보건교육포럼의 우옥영 이사장은 "보건교과를 처음 도입하는 과정은 산 넘어 산이었다"면서 "보건교육의 필요성을 알리기 위해 '보건교과 설치 촉구 1천인 선언'을 비롯해 보도자료 배포, 보건교과 입법을 위한 토론회 등을 벌였는데 그 중심에 강지원 변호사님이 계셨다"고 말했다.

"강 변호사님은 누구보다 앞장서서 우리 보건교육운동의 든든한 후원자가 되어 주셨습니다. 나아가 강 변호사님은 '보건교과 설치 촉구 1천인 선언' 제일 앞에 이름을 올려주고 각종 결의대회와 국회에서 열린 보건교육 포럼 등에 참여하면서 마침내 2007년 보건교과 입법이 통과하는데 많은 도움을 주셨습니다. 이후에도 보건교육 활성화 방안과 예산확보 등을 촉구하는 토론회에도 참여하면서 보건교육이 잘 정착하도록 늘 함께 해 주셨습니다."

우리 아이들이 건전하고 건강한 인격체로 성장하는데 실질적인 교육을 담당할 보건교육. 이를 통해 아이들은 행복한 어른으로 성장한다. 이는 그동안 강지원 대표가 추구하던 몸과 마음의 행복과도 일맥상통한다. 자살예방, 중독예방, 보건교육으로 이어지는 그의 일련의 사회 운동은, 우리 사회와 공동체를 행복과 희망으로 이끄는 최선의 행동이리라.

현대인의 자살 못지않게 우리 사회에 큰 해악을 주는 것이 '중독'이다. 아동, 청소년의 게임, 스마트폰 중독, 성인의 도박, 알코올 중독 등 '중독'은 그 자체로 사회의 독버섯 같은 존재다. 중독은 한 개인의 삶을 파괴할 뿐 아니라, 공동체의 존립까지 위협하는 사회적 병폐다. 또한 중독 문제가 걷잡을 수 없이 커지면 자살로 이어지기도 한다. 일찍이 청소년 문제를 연구해왔던 강 대표는 이미 '중독의 심각성'도 간파하였다.

'중독 없는 사회'를 꿈꾸던 정신의학과 이해국 교수는 "2012년 '중독 없는 세상을 위한 다학제적 연구네트워크 중독포럼'을 발족하고 '중독예방치료법'에 관한 법률안을 제출하며 활동하던 중, 활동가들이 약속이나 한 듯이 강지원 변호사님을 모시자고 의견을 모았다"면서 "강 변호사님은 꼭 필요한 일이라며 전적으로 함께 하겠다고 말씀하였다"고 회고했다.

"국가의 중독예방에 대한 역할을 촉구하며 130여 개의 학부모, 시민, 교육전문가 단체가 모인 '중독예방을 위한 범국민 네트워크'를 구성하였고 10만인 서명운동도 진행하였습니다. 강 변호사님은 기자회견에서 직접 법안 통과의 필요성을 역설하였습니다. 2014년에는 중독 예방 관리 및 국가법제도체계를 촉구하는 '범종교시민사회 200인 선언'을 개최하였고 강 변호사님은 좌장을 맡아 힘을 보태주셨습니다."

이해국 교수는 "확고한 원칙과 소신을 가지면서도, 입장이 다른 상대방의 의견을 존중하고 설득하는 강 변호사님의 모습을 보면서 그가 왜 존경받는 사회지도자인지 몸소 느낄 수 있었다"면서 "중독포럼은 앞으로도 중독문제의 심각성과 법제도의 필요성에 대해 지속적으로 소통해 나갈 것"이라고 밝혔다.

생명 존중, 자살 예방

'행복하다면, 삶을 놓아버릴 수 있을까? 만약 누군가 스스로 목숨을 끊겠다고 하면, 그 거대한 용기로 세상을 살아갈 순 없을까?'

'자살'이라는 말은 그 용어 자체로, 심장이 날카로운 날에 베인 듯 아프고 먹먹하다.

2009년 인터뷰에서 필자는 한 유명 탤런트의 자살을 조심스럽게 언급했다. 2008년 가을에 자살로 생을 마감한 탤런트 최진실은 당대 최고의 스타였다. 부와 명예, 인기 등 세상의 모든 것을 다 거머쥔 듯한 '만인의 연인'이던 그가 스스로 목숨을 끊으면서 대중은 충격을 받았다. 최진실이 생전에 송사에 휘말려 어려움을 겪었을 당시 강지원 변호사가 변론해줬던 기억을 떠올렸다. 그는 인터뷰에서 이렇게 말했다.

"조물주는 한 사람에게 오복을 다 주지 않습니다. 만약 자기가 가진 것이 세 개라면 두 개는 가지지 못한 것입니다. 예를 들어, 돈과 권력을 가졌지만 건강과 미모는 못 가진 이가 있는가 하면, 반대로 건강과 잘생긴 외모를 가졌지만 재물이 없는 경우도 있습니다. 사람들이 불행해 지는 것은, 자신이 가진 것보다 못 가진 것을 더 크게 생각해서 우울하고 좌절한다는 것입니다. 심지어는 극단적인 자살로 이어지기도 합니다. 가진 것을 더 크게 생각하고 감사하는 마음을 가져야 삶에 희망이 있습니다."

그는 "자신이 갖지 못한 부분이 고통과 시련을 줄 지라도, 그것을 기회라고 생각하며 희망으로 승화시킬 때 그 사람은 세상에서 가장 복 받은 사람"이라고 말했다.

최진실의 자살 몇 달 후인 2009년 5월에는 노무현 전 대통령이 자살했다. 전직 대통령의 자살 소식은 전 국민에게 크나큰 충격을 주었다. 그는 노 전 대통령과 사법고시 1년 차이다. 강 대표는 그가 자살하기까지 많은 고뇌가 있었을 것이라고 하였고, 만일 그의 주변에 고통을 나눌 누군가가 한 명이라도 있었다면 그의 자살을 막을 수 있었을 것이라고 했다. 이들 두 사람이 자살할 당시, 강 변호사는 자살예방대책추진 위원장으로 활동하고 있었다.

당시 강 변호사는 이들의 자살 신호를 알아채지 못 해 도움을 주지 못한 것을 매우 안타까워했다.

"내가 가진 것에 감사하기보다 남들과 비교하고 가지지 못한 것에 자책하고 자학하고…. 요즘 사람들이 행복하지 못한 가장 큰 이유입니다. 자살률이 높아지는 것은 행복하지 못해서 입니다. 실제로 자살자들의 70~80%가 우울증을 앓고 있다는 결과가 있습니다. 나머지 20~30% 역시, 결국은 다른 형태의 우울증을 앓고 있는 게 아닌가 합니다. 말하자면 '자살병'인데, 마음에 병이 생긴 겁니다. 누군가 '죽고 싶다'고 말한다면 이는 동시에 '살고 싶다'는 의미도 있는 겁니다. 다만 이를 받아 줄 사람이 없는 거죠. 이들에게 전문가가 필요합니다. 신뢰감이 형성된 관계에서 끝까지 얘기를 들어주고 받아주는 전문성을 갖춘 사람이 있어야 합니다. 실제로 핀란드에서 전문가를 양성해 높은 자살률을 해결한 사례가 있습니다."

2004년 '범국민생명존중운동본부'가 출범하면서 강지원 변호사는 김수환 추기경, 김성수 성공회 주교 등과 발기인으로 참여하였다.

오랫동안 자살예방 운동에 힘써온 한국생명의전화 하상훈 원장은 출범식에서 강 변호사를 처음 만난 후, '자살예방'에 대한 새로운 도전을 받았다고 하였다.

"어려운 상황에서 자살예방 활동을 하는 우리에게 강지원 변호사님은 큰 힘이 되었습니다. 강 변호사님은 언제나 자살 예방에 적극적이었고 어디서든 자살예방의 필요성을 역설하였습니다. 생명사랑 밤길걷기대회 등 행사에도 적극 참여해 도움을 주셨고 고문이나 특강을 요청했을 때도 바쁜 와중에도 흔쾌히 응해주셨습니다."

강 변호사는 2008년 자살예방대책추진위원회 위원장으로 위촉돼 활동해 왔다. 여러 차례 회의를 거듭하면서 '자살 예방 5개년 계획'을 심의하는 등 국내의 자살 예방 정책에 본격적으로 기여했다. 그가 계획한 '자살 예방 5개년 계획'은 당시 자살 예방에 대한 법적 근거가 없고 예산이 뒷받침되지 못하는 등 자살률 감소에 기여하지 못 했다. 그는 당시 "보건복지부 자살예방 담당 공무원이 한 명에 불과한데, 이런 실정에서 OECD 자살 1위국의 오명을 씻을 수 없다"고 비판했다.

그는 "지금에 와서도 크게 달라진 것이 없다"면서 "자살예방대책 추진위원장이기도 하지만, 국가적으로도 심각하게 고려하고 '비상사태'를 선포해야 한다"고 말했다. 강 변호사는 "자살예방대책 위원장을 맡고 두 달이 지나지 않아, 최진실 씨가 자살했고 이후 노무현 전 대통령이 자살했다"면서 "그들은 유명인이었기에 치료받기가 어려웠을 것"이라고 했다.

하상훈 원장은 2011년에 '자살 예방 및 생명존중 문화조성에 관한 법률'이 국회를 통과했는데, 자살예방대책추진위원장이자 법률전문가로서 강 변호사님이 관계자들과 국회의원 한 사람 한 사람을 찾아다니며 노력했던 모습을 잊을 수 없다고 했다. 꾸준히 자살예방 운동에 앞장섰던 강 변호사는 '자살 예방 및 생명존중 문화조성에 관한 법률'을 통과시키는데 결정적인 역할을 했다. 그 해 법안이 통과된 후 국가와 지방자치단체는 법적 근거에 의거해 자살예방대책을 전국적으로 세워나갔다. 강 변호사는 특강에서 청소년들에게 말했다.

"신은 누구에게나 달란트를 주셨습니다. 하지만 자살하는 이들은 자신의 부족함을 비관했고, 이것이 자살의 이유가 되었습니다. 비관하는 사람은 '못 가진 것'을 굉장히 크게 생각합니다. '가진 것'이라는 긍정적 사고를 가져야 '못 가졌다'는 부정적 사고가 사라집니다. 부정적인 사고의 틀에 매여 있으면 상대적 박탈감이 커지고 끝내는 극단적 선택을 하고 맙니다. 자신이 가진 것에 감사하면서 지금 여기에서 행복한 삶을 살아간다면 '자살'이 발붙일 세상은 존재하지 않습니다."

'생명'은 그 어떤 것도 대체할 수 없는 귀중한 가치다. 그 어떤 것도 '생명'보다 귀중한 것은 없다.

우리나라에서 유일하게 '자살예방 연극'을 무료 공연하는 극단 '버섯'의 이상철 대표는 "2009년에 만난 강지원 변호사님은 지금까지 우리가 비영리 극단으로 '자살예방 연극'을 꾸준히 공연하는 버팀목이 되었다"고 말한다.

"우리 극단에 종종 놀러오며 친하게 지냈던 이은주 배우가 2005년 스스로 목숨을 끊으면서 저와 극단 단원들은 큰 충격을 받았습니다. 이를 계기로 우리는 오로지 자살예방 연극만을 고집했습니다. 그런데 공연 제작비를 마련할 길이 막막했습니다. '자살예방'이라는 주제가 무거운 소재이기에 창작 또한 어려웠고 비영리 극단이라 관람료가 없다 보니, 다른 극단의 항의도 많이 받았습니다."

이상철 대표는 공공기관이나 기업의 협찬을 받으며 어려운 가운데서도 묵묵히 자살예방 연극을 공연했고 공연이 입소문을 타면서 전국 곳곳에 순회공연까지 했다. 그렇게 공연을 이어가던 중 2009년에 큰 복병을 만났다. 그 해 5월 노무현 전 대통령이 자살로 생을 마감하면서 그동안 자살예방 공연에 적극적이던 국회와 정부기관이 정치적 문제가 있다면서 모두 손을 뗀 것이다. 이상철 대표는 절망했지

만 아파트를 담보로 대출받는 등 어렵게 제작비를 마련해 계획대로
'자살예방법 입법화' 추진을 위한 국회 공연과 전국 순회공연을 모두
진행했다. 그리고 힘겹게 달려 온 길의 끝에서 구세주처럼 강지원 변
호사를 만났다고 회고했다.

"강 변호사님은 첫 만남에서 '자살률이 1위인 우리나라에서 수
도 서울에 자살예방을 위한 상시 공연장이 하나쯤 있어야 되지 않겠
나? 앞으로 함께 노력해 보세!'라고 하셨습니다. 정말 저와 극단 버섯
에 든든한 지원군이 생긴 것입니다. 이후 어려울 때마다 강 변호사님
의 도움으로 성황리에 여러 공연을 마칠 수 있었습니다."

이 책을 마무리하고 있을 즈음, 마침 자살예방 연극이 열려서 대
학로의 소극장을 찾았다. 연극 제목은 'STATION(정류장)'이다. 자살한
사람은 그 영혼이 갈 데가 없어서 '영혼 정거장'에 머물면서 '자살'이
라는 자신의 어리석은 행동을 후회하고 절실히 깨닫는다는 내용이
다. 강 대표는 코로나19 팬데믹 이후, 처음으로 열린 이 연극에 축사
의 글을 썼다.

"대한민국은 OEPC 회원국 중에서 최근 17년간 자살률이 가장
높은 상황입니다. 이럴 때일수록 생명존중 문화가 확산되고 정부차원
의 정책과 민간차원의 노력, 그리고 이웃에 대한 서로 간의 관심이 필

요할 것입니다. 연극이라는 문화운동은 자살을 예방하는 여러 방법 중 썅히 효과적이라 하겠습니다. 연극 '정거장'을 통해 삶의 소중한 의미를 찾는 기회가 되시기를 바랍니다."

그동안 '자살예방 연극'에 큰 관심을 기울이고 물심양면으로 지원한 강지원 대표는 자살예방 연극도 수차례 보았지만 항상 볼 때 마다 눈물이 난다고 하였다. 필자는 이 연극을 보면서 '세상의 부귀영화가 부질없다'는 생각이 들었다. 그 어떤 가치가 '생명' 보다 위에 있을까. 행복하다면, 삶을 놓아버릴 수 있을까? 그저 지금, 여기에 살아있어서 '숨 쉬고 있다'는 사실 자체가 행복이 아닐까. 필자가 살아가는 이 삶에 더 큰 감사와 애착이 생긴 것이, 이 연극에서 얻은 값진 '소득'이었다.

강 대표는 그동안 자신을 필요로 하고 자신의 적성에 맞는 분야는 어디든 흔쾌히 달려갔다. 나아가 그의 활동은 정치개혁을 위한 매니페스토 운동으로까지 확장되었다. 그는 정책중심 선거를 위해 대통령 선거에 출마하고도, 정작 정치권에는 한 발짝도 발을 들여놓지 않았다. 그 전후에도 정치권에서 수많은 요청이 있었지만, 꿋꿋이 자신만의 원칙과 소신을 지켜왔다.

아동, 청소년부터 시작해 여성, 장애인, 빈곤층 등 사회적 약자에게 관심을 기울이고 줄곧 헌신해 온 사람, 지극히 낮은 곳을 향해 온 열정을 바친 '사회 운동가'. 지금껏 우리 사회에서 진정으로 '자신을 낮추면서 사랑과 정의로, 봉사에 몰두해 온 인물'이 얼마나 있을까? 사회적으로 훌륭한 인물은 많지만, 진정으로 본받고 존경할 만한 인물을 찾기란 어려운 일이다. 이러한 현실에서 이 사람의 남다른 생각과 행동은, 삶의 묵직한 울림과 여운을 주고 있다. "우리 사회 공동체의 행복은, 곧 자신의 행복"이라는 이 사람은 바로 '강지원 대표'다.

5
장

약속의 길, '매니페스토'

'매니페스토'
정책중심 정치개혁

"정치꾼은 다음 선거를 생각하지만,

정치가는 다음 세대를 생각한다."

미국의 정치개혁가 '제임스 클라크'의 말이다. '정치'
를 논할 때 떠오르는 명언이다. '정치(政治)'를 한마디로 정의하자면, '국
가의 권력을 획득하고 유지하며 행사하는 모든 활동'이다. 어느 사회
든 '정치'에 영향을 받지 않는 구성원은 없다. 즉 모든 국민은 '정치'의
영향 아래에 있다. 정치는 우리 사회와 공동체의 근간을 이루며 국민
의 삶과도 직결된다. 한 나라의 미래를 내다보는 정치인, 즉 다음 세대

를 생각하는 정치가가 많은 나라는 어떤 모습일까? 반대로 다음 선거만을 생각하는 정치꾼, 즉 사리사욕으로 정치를 이용하는 정치인이 많은 나라는 또 어떤 모습일까? 그동안 우리 사회에서 진정한 정치인을 본 적이 있던가?

'정치'가 긍정적인 이미지 보다 부정적인 이미지가 강한 것은, 아무래도 후자의 경우가 많은 까닭이다. 정치권력을 획득한 정치인이 어떤 인물이냐에 따라 그 나라의 운명이 좌지우지될 정도로 정치가 사회에 미치는 영향력은 막강하다. 그러한 정치권력은 선거를 통해 국민이 부여하지만, 그것을 부여받은 사람(정치인)은 국민의 생각처럼 그리 정직하거나 완벽하지 않다. 오히려 위선 속에서 주어진 권력을 남용하고 사리사욕을 채우기에 급급한 정치꾼을 우리는 수없이 보아 왔다. 이것은 예나 지금이나 바뀌지 않는, 대한민국의 정치 현실이다. 이러한 정치판에 겁 없이 뛰어든 이가 있다.

2012년 18대 대통령선거에 출마한 강지원 후보는 우리가 기존에 알던 정치인이 아니었다. 국회나 정당에서 활동하거나 그 근처에 가 본 적도 없는, 한마디로 정치와는 거리가 먼 인물이었다. 그래서 세상 사람들은 '대통령 출마'라는 그의 뜻밖의 행보에 깜짝 놀랐다. 그가 주변의 우려와 반대를 무릅쓰고 대통령 선거에 출마한 이유는 뚜렷한 소신과 목표가 있었기 때문이다. 그는 다른 여타 후보와 달리, 대통령 당선 자체가 목적이 아니었다.

역대 대통령 선거는, 대개 거대 두 정당에서 나온 두 후보가 치열하게 당선 경쟁을 벌인다. 지금까지 우리나라 대통령 선거는 우리 사회의 정치사, 세상사의 축소판이다. 강지원 후보는 기존의 선거판에서 볼 수 없었던 독특한 후보였다. 그는 오로지 '정책중심 선거'를 표방하고 출마하였다. 기존에 우리가 알던 선거판의 여타 대선 후보와는 확연히 다른 행보였다.

"이번 대통령 선거에 제 개인적인 욕심이나 욕망으로 나온 것이 아닙니다. 더구나 당선을 목적으로, 그 막강한 대통령 권한을 행사하기 위해 나온 것도 아닙니다. 그동안 저는 매니페스토 정책중심선거 운동을 7년 동안 해왔습니다. 그런데 아무리 운동을 열심히 해도, 이대로 가서는 정치개혁과 선거개혁이 이루어질 수 없다는 것을 깨달았습니다. 그렇다면 내가 직접 대통령 선거에 출마해서 '한국 최초의 매니페스토 정책중심선거'의 모범을 보이겠다고 결심하기에 이르렀습니다. 다시 말해 그동안 활동해 온 '매니페스토 정치개혁'을 실현하기 위해 대통령 선거에 출마하였습니다."

'매니페스토(Manifesto)'의 어원은 라틴어에서 파생한 이탈리아어로, 그 뜻은 '분명한 의미', '매우 뚜렷함'이다. 흔히 '매니페스토'는 개인이나 단체가 대중에게 확고한 정치적 의도와 견해를 밝히는 것으로, 연설이나 문서의 형태다. 한국에서는 예산확보, 구체적 실행계획 등 이행 가능한 선거 공약의 의미로 쓰인다. 또한 투표자와 후보자의 약속이라는 의미로도 사용된다.

　강 후보는 "한국 최초의 매니페스토(정책중심선거) 후보로서 정치개혁을 위한 운동을 위해 나섰으며, 유권자들이 소신 투표를 함으로서 이 나라에 새 정치, 새 시대를 열어 달라"고 했다. '매니페스토 운동'이 무엇이 길래 그는 대통령 후보로 나선 것일까. 강 후보는 2006년 한국매니페스토실천본부 상임공동대표를 맡으며 그 해 지방선거부터 매니페스토 운동을 전개하였다. 이는 한국 최초의 매니페스토, 즉 정책중심선거 운동이었으며 당시 언론에도 주목을 받으며 '매니페스토'라는 말이 국민에게도 각인되기 시작했다.

　2007년에는 대통령 선거를 앞두고, 각 정당 대표와 후보들이 협약식을 갖고 매니페스토 정책 선거를 약속하기도 했다. 강 후보는 "모든 선거에서 후보들은 오로지 정책만으로 선거에 임해야 하며, 유권자들은 '누가 정책을 잘 하는지' 살펴보면서 선거가 오로지 정책으로 승부하는 즐거운 축제의 장이 되어야한다"고 했다. 또한 "후보에 대한 험담이나 편견, 지역감정, 이미지 등에 현혹되지 않고 어떤 후보가 정책을 잘 실천할 것인지, 이성적으로 냉정하게 판단하여 정책심판에 나서야 한다. 그것이 바로 정치 후진국에서 벗어나 선진국을 향해 도약하는 길이며, 국민된 도리와 의무를 다하는 것"이라고 밝혔다.

한국매니페스토실천본부 이광재 사무총장은 "강지원 변호사님은 '매니페스토 운동이 우리 사회에 꼭 필요한 일'이라며 2006년 설립 때부터 특유의 실행력과 돌파력으로 맹활약했다"고 전했다. 이 사무총장은 "강 변호사님은 매니페스토 운동을 하며 지방선거, 총선, 대선을 모두 치렀지만 시민사회운동만으로 한계를 절실히 느꼈고, 결국 2012년 대선에 직접 매니페스토 후보로 출마해 정책선거의 모범을 보이겠다"고 했다면서 "그의 의지는 확고했으며 당시 정치권에서 보기에 강 변호사님은 돈키호테식의 몽상가로 비쳐졌겠지만, 세상을 바꾸려는 그의 노력은 헛되지 않아, 서서히 지역주의 구도가 깨지는 등 조금씩 세상은 진화하였다"고 회고했다.

강지원 후보는 한국 최초로 매니페스토 운동을 주도하면서 정책

중심의 선거 개혁, 나아가 정치 개혁을 위해 혼신의 힘을 다했다. 그는 "정책이란, 사회 공동체, 국민 모두에게 지대한 영향을 미친다"면서 "정치의 요체는 정책이며, 매니페스토 정신은 정책적으로 사고하고 정책으로 국민과 소통하는 것"이라고 했다. 나아가 "좋은 나라는 정치가 바로 서는 나라이며, 이를 위해 정책적 마인드를 훈련하고 쌍방이 소통하는 기술을 개발해야 한다"고 강조했다. 그런데 아무리 매니페스토 정책선거를 하자고 열심히 알리고 뛰어다녀도 정작 현실은 좀처럼 바뀌지 않았다. 여전히 상대 후보의 약점을 들춰 공격하는 '네거티브'(흑색비방), 지역감정, 금품 제공 등 기존의 부정부패 선거 행태가 그대로 답습되었다. 결국 그는 결심을 굳혔다. 그 자신이 매니페스토 후보로 직접 대선에 뛰어들었다. 출마선언은 매니페스토 정신에 맞게 보도자료와 동영상을 언론에 배포하고, 인터넷에 올린 게 전부다. 요란한 유세활동 대신, 매일 아침 정책콘서트를 열었다.

초당적 거국내각, 무소속 대통령

    강지원 후보는 철저히 정책 중심의 선거를 통해 '초당적 거국내각'을 구성하고 '초당적 화합정부'를 실현하겠다는 공약을 내세웠다. '거국내각'이란, 특정한 정당이나 정파에 한정되지 않은 내각을 말한다. 여당과 야당이 내각에 참여해 초당적으로 정부를 운영하는 형태로, 여당과 야당이 협의한 인물을 중심으로 내각이 꾸려지는 것이다.

    즉 특정 정당이나 정파에 한정되지 않은 중립적 내각이다. 거국내각은 국가가 위기 상황에 놓이거나 전시 등 비상시에 구성하는데 2011년에 그리스 경제 위기 당시 거국내각이 꾸려졌다. 강 후보는 출마 당시, 대선주자들에게 당파 싸움의 정치행태를 근절하기 위한 정치개혁의 방안으로 '초당적 거국내각'의 구성을 제안했다.

"총선, 대선 등 우리나라 선거에서 당선을 위해 필수라고 인식되는 것이 조직입니다. 그래서 선거에 나서는 후보들은 '정당'이라는 조직의 옷을 입으려고 안간힘을 씁니다. 이와 맞물린 조직선거는 불법 정치자금을 횡행하게 만드는 결정적 요인입니다. 따라서 정치판은 싸움이 난무하는 곳이 되고 공천 비리, 뇌물 공여 등의 악습에서 벗어나지 못합니다. 이같은 우리나라 정치판의 고질적인 악습을 없애는 정치개혁의 길이 '초당적 내각'이자 '무소속 대통령'입니다. 여야 개념이 사라진 국회에서 각 정당들을 초당파적으로 상대하고 정당에서 장관후보자를 추천받아 거국내각을 구성한다면, 국회가 싸움터가 아닌, 정책 경쟁의 장(場)으로 변화하게 될 것입니다."

강 후보는 "우리나라는 경제적으로 성공한 국가이고, 민주화도 달성한 국가인데 유독 정치가 국민에게 불신과 실망을 주고 있다"면서 "새로운 시대정신은 갈등과 대립을 화합과 통합으로, 그 안에 사랑과 자비, 홍익정신을 밑바탕에 두고 있어야 한다"고 말한다.

"초당적 거국내각은 결국 초당적 화합정부를 말합니다. 이는 국정의 최고책임자인 대통령이 어떤 정당이나 계파, 지역의 대표자가 아닌, 국민 전체의 대표자가 되는 것입니다. 즉, 반쪽짜리 대표자가 아닌 국민의 대표자가 되어 초당적으로 국정을 운영하는 것입니다. 그래야 이 나라에 다툼과 싸움이 아닌, 배려와 화합이 이루어집니다."

강 후보는 미국의 초대 대통령 '조지 워싱턴'처럼 무소속 대통령이 필요할 때라고 강조했다.

"조지워싱턴이 미국이라는 나라를 건국할 때 무소속 대통령이 된 이유가 있습니다. 만약 조지워싱턴이 어느 한 정파의 대표라면, 정당 간에 갈등이 생길 수밖에 없고, 그러면 그가 원하는 화합국가를 건설하는데 분명 방해가 될 것입니다. 만약 조지 워싱턴이 초당적, 무소속이 아니었다면 대통령은 고사하고 정당 간의 갈등을 부추기는 사람으로 남았을지 모릅니다. 이제 우리나라 정치도 새로운 역사를 쓰려면, 조지 워싱턴 대통령처럼 무소속 무정당의 당적이 없는 초당적인 대통령이 나와야 합니다. 즉, 대통령은 여러 정당 중 한 정당의 우두머리가 아니라, 전체 정당을 조정하고 화합시키는 그런 역할을 해야 하는 것입니다. 이것이 바로 탈정당, 초정당, 초당파로 대표되는 역사적, 시대적 사명입니다."

그는 "만일 초당적인 화합정부가 출현하면 이는 우리나라 역사상 최초의 일이며, 지난 60여 년의 어떤 정권에서도 시도조차 하지 못 한 기적이 될 것"이라고 단언했다.

"그동안 우리나라는 제왕적 대통령이라고 하여 누구라도 대통령이 되면 막강한 권한과 권력을 쥐게 됩니다. 우리 정치사에서 대통령은 특정 정당 소속입니다. 대통령이 소속된 정당을 여당이라고 하고 상대편 당을 야당이라고 합니다. 여당은 하고 싶은 일을 합니다. 야당은 존재가치가 있어야 하니까 계속 싸웁니다. 그래야 언론에도 나오고 부각이 되니까요. 만일 대통령이 무소속 초당적 대통령이라면, 여야가 싹 없어져버립니다. 그러면 허구한 날 여야가 싸우는 모양새도 없어질 것입니다."

여야가 없으면, 국민은 더 이상 여야의 싸움을 볼 필요가 없다. 만일 정부에서 국회에 예산안을 넘겨주면, 국회에서 예산안을 심사한다. 그런데 여당, 야당이 따로 없으니까 이해관계가 얽혀있지 않고 최소한 나라와 국민을 위한 일에만 전념하게 된다. 기존의 거대 여당과 막강한 야당이 치고 박는 꼴은 일어나지 않는 것이다. 따라서 무엇보다 초당적인 거국내각을 만드는 것이 필요하다. 오로지 국민과 민생을 바라보고 초당적으로 국정을 운영하겠다는 결단이 강 후보의 목표였다.

그는 "정당이라는 간판은 더 이상 중요한 것이 아니다. 여당과 야당이 마치 원수처럼 대립하는 지금의 현실에서는 어떤 정치 개혁도 이뤄지지 않는다. 현재 우리나라의 제왕적 대통령제를 고치기 위해선

헌법을 고쳐야 하는데, 그 전에 초당적 화합정부가 최선책으로 선행 돼야한다"고 밝혔다. 설사 정당 소속 대통령이 당선되더라도, 무조건 탈당하는 것을 의무화하는 것도 고려할만 하다고 주장하였다. 마치 현재 국회의장이 취임을 하면 소속 정당을 탈당하도록 법률로 정하는 것과 같다.

"대통령은 대한민국의 국가 원수입니다. 행정부에서 대통령이 하고자 하는 정책이 있다면, 국회에 던져주면 됩니다. 그러면 국민의 대표로 나선 여러 정당이 상의를 합니다. 여러 정당의 합의를 거쳐 정책이 결정되므로, 대통령이 자신의 의지와 고집만 가지고 정책을 통과시킬 수 없습니다. 그런데 대통령이 속한 여당은, 아무래도 대통령의 눈치를 보게 되고 야당은 반대를 위한 반대를 하면서 합의는 물 건너가는 경우가 많습니다. 만약 대통령 초당제가 된다면 여당과 야당 자체가 존재하지 않으므로 싸울 일도 없습니다. 초당제가 되면 정부에서 내놓는 안을 가지고 조금씩 고치면서 조정하는 단계를 거칩니다. 대통령은 견해가 다른 보수당, 진보당, 극우당, 극좌당 등 여러 정당의 의견을 잘 취합해서 조정하고 중재합니다. 이러한 역할이 바로 초당적 대통령입니다. 저는 사상 최초의 초당적 화합 정부를 제창합니다. 이를 위해 대통령 후보 스스로가 무소속, 초당적 대통령이 되려고 노력해야 합니다."

무보수 봉사 대통령

강 후보는 '무소속, 초당적 대통령'에 이어 '무보수 봉사 대통령'이라는 파격적인 공약을 내걸었다.

"우리나라는 이제, 무보수 봉사 대통령이 필요합니다. 월급을 한 푼도 받지 않는 대통령으로 봉사하는 것입니다. 이렇게 되면 정당이 치고 박고 싸울 필요가 없어지고 제왕적 대통령에 집중된 과한 권력욕이 사라지며, 오로지 국민을 위해 봉사하고 헌신하는 대통령이 남을 것입니다. 봉사 대통령에 이어 무보수 봉사 국회의원도 필요합니다."

강 후보는 "현재의 국회의원 숫자를 반으로 줄이고, 국회의원 자체를 무보수 명예직으로 해야 한다"고 강조했다. 정말로 이 나라, 국민을 위해 대가 없이 헌신하고 열정을 불사르는 국회의원, 봉사를 천직으로 여기는 명예직의 국회의원은 정녕 불가능한 것인가.

국회의원의 권력은 대통령 못지않게 막강하다. 그들이 입법을 쥐고 있기 때문이다. 그들은 아무리 이로운 법이라도, 또 국민을 위한 법이라도, 자신들의 안위와 밥줄이 위협받는 상황에서는 절대로 법을 통과시키지 않는다. 예를 들어 현재 300여 명의 국회의원 수를 절반으로 줄이고, 연봉 1억이 넘는 세비를 대폭 깎거나 '무보수 봉사직'으로 바꾼다고 하면, 과연 당사자인 국회의원이 그 법을 통과시킬까? 대개는 국민의 밥줄 보다 자신들의 밥줄이 더 중요한 법이니까….

그동안 우리나라 권력의 최고 정상은 서울 사대문 안의 청와대였으며 그 안에 대통령이 있었다. 청와대가 권력의 심장부이었지만, 사실 국민들은 구중궁궐 같은 그곳에서 무슨 일이 일어나고 있는지 몰랐다. 강 후보는 대선 출마 때 "청와대의 모든 수석비서관실을 전면적으로 폐지하고, 그 권한을 행정부의 장관들에게 넘기는 '책임장관제'를 실시하겠다"고 처음으로 주장했다.

"대통령이 앉아서 하는 일이 무엇일까요? 예를 들어 대통령이 여러 인사발령장에 사인을 하는데 그것을 다 알고 사인하는 걸까요? 어느 부처에 국장을 발령 내는데, 이 사람들을 다 알고 발령하는 것일까요? 대통령은 잘 모르는데 비서들이 사전에 인사협의를 한 후에 결재가 올라갑니다. 한마디로 '비서 정치'를 한다는 비판이 많습니다. 이런 수석 비서관은 차관 급이며 행정 부처 장관은 장관입니다. 장관이 더 벼슬이 높은 사람이죠. 그런데 '대통령 바로 옆에 있는 사람'이라는 이유로, 사실상 이들이 온갖 무소불위의 권력을 행사하는 것이 현실입니다. '장관 위에 비서가 있고 비서 위에 수석이 있다'는 말이지요. 행정 부처에 장관들이 대통령실 눈치 보느라고 소신 있게 일하지 못하고, 기껏 하려고 해도 비서들이 '하지 마라'고 하면 못한다는 겁니다. 이러한 비서의 횡포, 비서 정치가 대한민국의 국정을 망치고 있습니다. 현재 수석 비서관 제도를 전면 폐지해야 됩니다. 그 자리를 모두 없애버려야 합니다."

실상 부처에서 일을 하는 것은 각 부 장관들이다. 그들이 책임을 지고 일하는 구조를 만들어야 한다. 그는 이것을 '책임 장관제'라고 명했다. 이름처럼 장관들이 자기 이름을 걸고 행정을 펼치고 이에 대해 모든 책임을 지는 것이다. 그는 "경제수석 비서관이니, 고용·복지수석 비서관이니, 교육문화수석 비서관이니 이런 자리를 모두 없애야 하고, 그 권한은 각 부처 장관이 책임지고 하라"고 강조했다.

심지어 대통령 기자실까지도 몽땅 없애야 한다고 주장한다. 사사건건 대통령이 언론에 등장하는 것을 원칙적으로 막고, 모든 일에 각

부 장관이 언론에 노출되는 것이 바람직한 일이라고 그는 말한다.

"내동령이 성말 관심을 가지고 집중해야 하는 부분이 있습니다. 외교 안보 통일에 관한 것입니다. 이것은 국가의 안전이 걸린 문제이기 때문에 대통령이 직접 챙겨야 합니다. 따라서 외교, 안보, 통일 보좌관은 대통령 옆에 둬야 합니다. 보좌관들은 장관들과 긴밀히 협의하는 협의처를 만들어야 합니다. '국가안전보장회의' 등을 통해 긴밀하게 협의하고, 만약의 국가 비상사태에 대비해 바로 대처하도록 합니다. 대통령은 자신이 집중해야 할 일에 역량을 발휘해야 합니다. 또한 각 부처에 장관들을 임명했으면 대통령은 그 장관들이 잘 하는지 못 하는지 평가하고 감독해야 할 것입니다."

유독 우리나라 대통령이 퇴임 후 불명예의 전철을 밟는 것도 '제왕적 대통령제'와 무관하지 않다. 해외로 도피성 망명을 간 초대 대통령을 선두로, 하야하거나 감옥에 가고, 또 총에 맞아 서거하거나 자살하고, 탄핵되고….

우리나라 역대 대통령들은 하나같이 불행했다. 대통령의 공과 사는 역사가 심판할 것이다. 하지만 대통령을 역임하고 나면 평범한 국민으로 돌아가는 게 아니라, 왜 하나같이 불행의 구렁텅이로 빠지는지, 한번 쯤 생각해볼 필요가 있다.

'지역주의' 없는 화합국가

　　'전라도와 경상도를 가로지르는 섬진강 줄기 따라 화개장터엔 아랫말 하동사람 윗말 구례사람 닷새마다 어우러져 장을 펼치네. 구경 한번 와보세요. 보기엔 그냥 시골장터지만 있어야 할 건 다 있구요. 없을 건 없답니다. 화개장터'

　　신나는 가락에 어깨춤이 절로 나는 노래 '화개장터'. 동서화합의 상징인 곳이 화개장터다. 예로부터 '경상남도 하동'과 '전라남도 구례' 사람들은 화개장터에서 물물교환을 하고 시집·장가도 자유롭게 오갔다. 이런 화개장터와는 다르게 언제부터인지 우리 사회는 지역을 따지면서 특히 전라도와 경상도는 대척점에 서게 되었다. 대한민국이라는 작은 땅덩이에서 출신 지역을 따지고 내 편, 네 편으로 편 가르면서 지역 갈등과 대립이 이어졌다.

"지금은 상극의 시대입니다. 지난 수십 년간 우리 사회는 갈등과 대립, 싸움으로 조용할 날이 없었습니다. 우리는 한강의 기적이라는 경제화를 이루고 그토록 염원하던 민주화도 이루었습니다. 이제 우리에게 남은 과제는 갈등과 대립을 극복하고 화합과 통합의 시대로 나아가는 것입니다. 그동안 매니페스토 운동을 위해 선거 때마다 전국을 다녔습니다. 그때 피부에 크게 와 닿은 것이 지역적 갈등이었습니다. 우리나라는 속된 말로, 말뚝만 박으면 후보가 누군지 상관 안 하고 무조건 뽑아줍니다. 세계 어디에 이런 선거가 있습니까? 특히 경상도와 전라도는 그야말로 말뚝만 박으면 찍어줍니다. 이러한 지역주의를 먼저 타파하는 것이 선거의 시작입니다. 이제부터라도 갈등과 대립, 상극의 시대를 뒤엎고 상생과 화합, 통합의 시대를 열어야 합니다. 화개장터처럼 지역의 구분이 없는 공생 사회, 동서가 화합하는 시대가 와야 합니다."

대선 후보가 되면 전국 방방곡곡으로 선거 유세를 다닌다. 영남, 호남, 충청도, 어디를 가든 현장에서 만나는 사람들은 저마다 사연을 가지고 있다. 강 후보는 지방에 갈 때 마다 지역 주민들에게 "여러분 자기 동네 출신 후보 무조건 찍지 마세요. 지역을 보지 말고 후보의 정책을 보세요"라고 한다. 그러면 사람들이 대답한다.

"선생님 말씀이 맞습니다. 정책을 보고 찍어야죠. 그런데 우리 반대편 후보는 못 찍습니다. 차라리 무소속을 찍더라도요."

왜 주민들은 무조건 자기 지역의 반대편 후보를 배척하는 걸까? 오로지 정책을 보고 판단해서 후보를 찍는다고 하면, 그 후보가 자기 지역 출신이든 다른 지역 출신이든 상관이 없을 텐데 말이다. 정말 이 후보가 우리 사회, 우리 지역을 위해 일할 진정한 일꾼인지, 후보가 내세우는 정책과 공약을 종합적으로 판단해서 합당한 후보를 선택하면 되는데, 뭐가 그리 어려울까.

"제가 전국을 순회하면서 느낀 것이 하나 있습니다. 그것은 트라우마, 즉 마음의 상처입니다. 호남에 가서 물었습니다. '여러분, 왜 말뚝만 박으면 다 찍어줍니까?' 했더니 '그동안 우리가 많이 당했다'는 것입니다. '과거 30년간 경상도 정권이 집권하면서 우리는 푸대접을 받았다. 그것이 오랫동안 가슴에 맺혀있다'는 것입니다. 또 충청도에 가서 얘기했더니, 충청도 분들은 '전라도는 푸대접이지만 우리는 무대접입니다. 우리는 핫바지입니다' 하며 너털웃음을 짓습니다. 강원도에서는 '우리는 말짱 꽝입니다'라고 합니다."

이처럼 지역민의 가슴 속에는 저마다 어떤 응어리와 상처가 내재돼 있던 것이다. 그렇다면 무려 30년이나 자기 지역 출신 대통령이 집권을 이어간 경상도는 어떨까.

"경상도 여러분들은 무슨 상처가 있습니까? 물었더니 '우리는 30년간 권력을 유지했는데 빼앗겼다 아닙니까?'합니다. 그것 역시 경상도 사람에게는 상처로 작용한 것입니다. 곰곰이 생각해보니, 이 나라 팔도강산이 전부 다 상처투성이구나, 지역을 막론하고 모든 사람들이 지역적 트라우마, 즉 지역적 상처에 빠져있습니다. 언제까지 이렇게 '지역주의 갈등'을 놔둬야 할 지 개탄스러울 뿐입니다."

강 후보는 "대통령과 국회의원 등 이 나라를 이끌어나가는 소위 '지도자들'이 당선에만 목을 맬 뿐, 당선 후에 진정으로 지역민들의 가슴에 맺힌 상처를 치유해 주었는지 묻고 싶다"고 한다. 선거에 나선 후보들은 오히려 이러한 지역민의 심리와 상처를 이용해, 교모하게 부채질해서 몰표를 받으려고 하지 않았나? 오히려 지역감정을 선동해서 지역민의 상처에 불을 지르지 않았나? 뒤돌아봐야 한다. 이것은 선거 때마다 반복되는 고질적인 행태다. 여전히 우리 사회에는 뿌리 깊은 지역감정 선거, 지역감정 선동 선거가 근절되지 않고 있다.

"지역적 갈등을 해소하기 위해서 우선 정부부터 솔선수범해야 합니다. 저는 모든 수석비서관실을 폐지하고 장관에게 전적으로 인사권을 위임하겠다고 했습니다. 그러면 장관이 인사를 잘해야 합니다. 지역적인 편파적 인사를 절대로 써서는 안 됩니다. 과거 경상도 정권 때, 또 전라도 정권 때 얼마나 많은 편파성이 있었는지 아는지요? 과거 한 기관에서는 경상도 정권 때, 경상도 인사가 아니면 들어갈 수 없었다고 합니다. 반대로 전라도 정권 때는 전라도 사람 아니면 들어갈 수가 없었다고 합니다. 이것이 화합하는 정부의 모습입니까? 이런 폐단을 없애야 합니다. 고질적인 지역주의 타파가 선행되어야, 우리 사회에 상생과 화합의 시대가 열립니다."

그는 "지금 우리 국민에게 필요한 것은 치유"라고 말한다. 누구나 크고 작든 저마다 가슴 속에 상처를 가지고 살아간다. 상처를 그저 상처로 남겨두어선 안 된다. 상처를 치유하는 과정이 필요하다. 가슴에 맺혀있는 상처를 치유하고 이를 이겨내는 사람이 더 단단해지고 큰 인물이 된다.

"살다보면 상처는 누구나 받게 되어 있습니다. 사람마다 이 상처를 받아들이는 자세가 다를 뿐입니다. 상처를 이겨내면 다행이지만,

만일 상처에 굴복하면 점점 우울하고 힘들어 집니다. 상처가 점점 심해지면 그것은 우울증이 됩니다. 그리고 이것이 심해지면 자살까지 이어집니다. 그래서 하루라도 빨리 상처를 치유해야 합니다. 상처가 계속 남아 있는 사람은 쉽게 분노를 느낍니다. 화가 폭발할 때 공격성이라고 합니다. 공격성이 많은 사람을 심리학적으로 분석해 보면, 가슴 깊은 곳에 분노가 자리해 있고, 그 분노는 상처로부터 나왔다는 사실을 알게 됩니다."

우리 사회를 지배해온 지역주의.

선거철이 돌아오면 더욱 극성을 부리는 지역주의는 반드시 뿌리 뽑아야 할 폐단이지만, 오랜 역사만큼 쉽지 않다. 선거 때만 되면 많은 후보들이 '지역주의 타파'를 외쳤지만 그때 뿐이었다. 마치 공허한 메아리처럼 그때만 반짝 퍼질 뿐, 지금까지 달라진 것은 아무것도 없다. 과연 우리 정치가 혁신하는 때가 오기는 올까? 아직도 갈 길이 멀어 보인다.

'돈 선거'와 '조직 선거' 폐기

'대한민국헌법' 제1조 제2항은 '대한민국의 주권은 국민에게 있고, 모든 권력은 국민으로부터 나온다'고 규정하고 있다. 이는 국민 주권주의 원칙을 표방한 것이며 여기에 '선거'는 국민이 주권을 행사하는 가장 기본적인 행위다. 국민은 선거를 통해 정치에 직접 참여한다. 서슬 퍼런 군사독재정권 시절인 1980년대, 온 국민이 그토록 민주화를 열망한 이유 가운데도 '선거'가 있다.

1987년 1월, 박종철 군 고문치사사건으로 촉발된 민주화운동은 6.10 항쟁으로 이어졌고 결국 '직선제(유권자가 직접 피선거인을 뽑는 선거제도)를 골자로 한 6.29 선언'을 이끌어냈다. 우리나라는 5년에 한 번 대통령 선거를 치르며, 4년에 한번 총선(국회의원)과 지방선거(지방자치단체장, 시의원 등)를 치른다. 1987년 직선제 이후, 30년이 넘는 세월동안 선거를 치르면서 우리는 선거에서 무엇을 보았으며, 무엇을 배웠나?

　강지원 후보는 18대 대선에 출마하면서 '돈 선거', '조직 선거'로 대표되는 우리나라의 현 선거 풍토를 개탄했다. 지금의 선거 행태들이 바뀌지 않는 한, 우리의 정치도 바뀌지 않음을, 선거에서부터 강력한 혁신이 있어야 정치 개혁도 이루어질 것임을 주장했다.

　"우리의 선거 문화를 한번 생각해 봅시다. 과거에는 고무신 선거, 막걸리 선거가 유행했습니다. 선거 때마다 돈 봉투가 난무하고 패거리처럼 떼로 몰려다니는 조직선거가 난무했습니다. 지금은 돈 봉투가 나돌지 않더라도, 사실 선거 한번 하면 엄청난 돈이 들어갑니다. 더구나 대통령 선거는 전국 단위의 선거이기에 많은 돈을 쓸 수밖에 없는 구조입니다. 선거 자금은 법적으로 허용된 한도가 있습니다. 법적으로는 한 후보마다 550억 원입니다. 이보다 더 많은 돈을 쓰면 처벌을 받습니다. 하지만 과거 대선 사례를 보면 500억 원이 아니라 수천억 원의 돈이 들었다고 알려져 있습니다. 대통령 선거가 끝난 후, 또는 정권이 바뀐 후에는 예외 없이 대통령 선거자금 비리가 터져서 줄줄이 교도소에 갔습니다. 이렇게 불법 정치자금, 불법 선거자금이 횡행했던 것입니다. 모두가 돈 선거에 집착한 나머지 불법을 자행한 것입니다."

'550억 원'이라는 숫자가 그저 놀랍기만 하다. 대통령 선거가 어떻게 돌아가기에, 이런 천문학적인 돈이 드는지 도저히 모르겠다. 강 후보는 "이 돈이 전부 어디에서 나왔겠냐?"고 반문한다.

"과연 550억 원을 쌓아놓고 있다가 그 돈을 쓰는 후보가 있을까요? 그 후보가 재벌이나 엄청난 갑부가 아니라면, 그런 일은 불가능합니다. 주요 정당에서 약 150억을 지원해주지만 그러고도 몇 백억 원의 자금이 필요합니다. 왜 선거에 이런 엄청난 돈이 들어가는지 생각해보아야 합니다. 저는 이 비용에서 10분의 1로 줄여도 충분하다고 생각합니다."

선거 비용이 이렇게 많이 드는 것은, '유세'로 대표되는 우리의 선거문화와 관련이 있다. 대선을 예로 들면 중앙에 100명 넘는 선거운동원을 둘 수 있는데 지방 200여 곳에는 10명의 선거 운동원을 둘 수 있다. 이를 모두 합치면 2000여명이 된다. 이들에게 보수를 줘야하니, 이것만 해도 엄청난 돈이 들어간다. 여기에 유세차량, 현수막, 홍보지, TV, 라디오, 옥외 광고, 사무실 운영비, 인건비 등 선거 홍보와 활동을 모두 합치면 어마어마한 돈이 들어가는 것이다.

선거 때마다 엄청난 돈을 쏟아 붓는 것도 문제지만, 확성기 유세, 굉굉 유세, 네거티브 공격, 편 가르기 등 지금도 바뀌지 않는 구태 선거 문화도 재정비해야 한다.

"차량으로 다니면서 소리 지르듯 연설하는 확성기 유세는 가장 먼저 없어져야 할 선거운동입니다. 요즘 세상에 확성기 소리를 듣고 후보를 결정하는 유권자가 있습니까? 온 동네를 시끄럽게 하고 소음 공해만 일으키는 이런 방식은 진즉에 폐기해야 합니다. 그런데 확성기 유세를 하는데 돈이 얼마나 들까요. 선거 기간 중 유세차 한 대를 굴리는데 2000만원에서 3000만원 듭니다. 전국에서 250대 정도 굴린다고 하면 그 돈은 50억 원을 훌쩍 넘습니다. 여기에 따라다니는 인력의 인건비 등을 합하면, 유세차량만 따져도 어마어마한 돈이 들어가는 것입니다."

이밖에 수 억대의 방송 광고료를 내야 하는 TV 연설 비용, 선거가 끝나면 쓰레기로 남는, 전국의 수많은 현수막도 적잖은 비용이 든다. 한마디로 선거 한번 치르면서 움직일 때 마다 엄청난 돈이 땅바닥에 버려지는 셈이다.

지금은 바야흐로 미디어 시대다. 방방곡곡에 현수막을 붙이고 후보가 동네와 시장을 돌아다니면서 먹고 악수하던 시대는 지났다.

인터넷, 스마트폰이 없던 시절에는 현수막 걸고, 광장에서 사람들 모아 유세하고, 전국으로 돌아다니며 일일이 유권자를 만나는 것이 유일한 선거방식이었다. 요즘은 각종 동영상과 소셜미디어(SNS) 등 온라인 선거운동으로 변화하고 있지만, 아직도 구시대적인 방식을 여전히 유지하고 있다. 지금은 시대가 완전히 달라졌다. 21세기 세계 최고의 IT강국이 대한민국이다. 시대에 맞게 선거문화도 혁신적으로 바뀌어야 한다. 강 후보는 "이제 우리의 선거문화도 달라져야 하며, 그 중심에 돈 안 쓰는 미디어 선거가 있다"고 하면서 "돈을 쓰지 않는 혁신의 선거, 미디어를 활용한 선거는 매니페스토 정책중심 선거와도 일맥상통한다"고 말했다.

'민주주의 꽃은 선거'라고 한다. 민주주의 국가에서 국민이 참정권을 행사하는 유일한 방법이 바로 '선거'다. 따라서 바람직한 선거 문화 못지않게 유권자의 역할이 매우 중요하다. 유권자가 직접 행사하는 한 표, 한 표가 민주주의를 완성한다. 나아가 그 한 표는, 우리나라의 정치 방향과 미래까지 결정하는 소중한 밑거름이 된다. 그래서 유권자는 한 쪽에 휩쓸리지 않고 중립적 위치에서 냉정히 판단하고 소신껏 한 표를 행사해야 한다. 강 후보는 "유권자라면, 소신투표를 해야 한다"고 강조했다.

"선거란, 자신의 의사를 국가에 표시하는 것이기에 어디까지나 자신의 소신을 발휘해야 합니다. 먼저 나의 생각과 정책, 철학, 비전이 같은 후보가 누군가를 찾아봅니다. 그렇게 가장 유사한 후보를 찾아 투표하면 됩니다."

소신투표가 왜 중요할까?

"그동안 우리는 소신투표가 습관이 되어있지 않아, 선거판에 온갖 폐해가 일어났습니다. 지금까지 '소신'보다는 이리 흔들리고 저리 흔들리는, 유권자의 심리를 이용해 온갖 부정한 행태가 우리 정치판을 휩쓸었던 것입니다. 우리는 이런 정치 기술자들의 정치공학에 휩쓸려서는 안 됩니다. 이는 자신의 이익을 위해서는 어떤 수단과 방법을 써도 괜찮다고 하는 것과 같습니다. 당선과 패배는 하늘에서 결정한다고 합니다. 유권자들의 뜻이 곧 하늘의 뜻인 것입니다."

선거는 우선적으로 결과를 따지지만, 사실 결과보다 중요한 것은 과정이다. 선거에서 당선이 되었다 해도, 과정이 온전하지 않으면 당선이 무효가 되기도 하고, 다음 선거에서는 반드시 유권자의 심판을 받는다. 모두가 과정에 중점을 두고 반칙하지 않고 올바른 방향으로 힘쓴다면, 설사 원치 않은 결과가 나오더라도 이는 다른 어떤 것 보다 가치 있는 일이다. 나아가 후보와 유권자가 같은 마음으로 과정을 즐기면서 선거에 임한다면 모두가 만족할만한 최선의 결과가 나올 것이다.

홍익자본주의, 부익부 빈익부

'인간을 널리 이롭게 한다'는 홍익인간.

이 홍익인간 정신과 자본주의를 결합한 것이 '홍익자본주의'이다. 현대 사회는 대부분 '자본주의'를 채택하고 있다. 자본가 계급이 노동자 계급의 노동력을 사고, 생산 활동을 하면서 이익을 추구해 나가는 경제 구조, 또는 그 바탕 위에 이루어진 사회 제도가 '자본주의'의 정의다. '자본주의'는 가장 합리적인 사회제도의 형태로 보이지만 사실 폐해도 만만치 않다. 자본주의의 가장 큰 폐해는, 빈부 격차로 인해 사회 계층 간 대립과 갈등을 양산한다는 것이다. 더 나아가 물질에 대한 집착과 과도한 욕심으로 인해 투기와 과소비, 독점을 일삼는 '천민자본주의'가 판을 치기도 한다. 이는 경제적 불평등을 야기하고 공동체의 통합을 저해한다. 이처럼 계층 간의 양극화로 인해 부익부, 빈익빈 현상도 갈수록 심화되고 있다. 자본주의의 문제는 결국 '경제' 문제다. 이러한 자본주의의 문제점을 국가적으로, 그리고 개인적인 차원에서 극복할 방안은 무엇일까.

강지원 후보는 '홍익자본주의'라는 새로운 개념을 제시하였다. 그는 "우리 사회에서 경제 문제가 가장 시급한데, 경제 분야의 여러 갈등을 해결할 방안으로 홍익자본주의를 주창한다"고 밝혔다.

"홍익자본주의를 내세운 것은, 자본주의도 널리 이롭게 하면 좋겠다는 생각에서입니다. 자본주의는, 자본을 가진 사람은 더 많은 자본을 얻고 자본을 갖지 못한 사람은 점점 궁핍해지는, 특이한 현상을 보입니다. 이 자본주의가 욕망이나 탐욕이 아닌, 욕망을 절제하고 자제하는 자본주의, 다시 말해 널리 이롭게 하는 자본주의가 되도록 노력하자는 것입니다. 다시 말해 기업이나 개인이나 자신의 잇속만 챙기는 것이 아니라, 사랑하는 이웃과 공동체를 이롭게 하는 홍익자본주의가 되었으면 좋겠다는 생각입니다."

강 후보는 "홍익자본주의와 부익부-빈익부 정책을 추구하겠다"고 밝혔다. 우리가 흔히 알고 있는 '부익부 빈익빈'이 아니다. 뒤에 나오는 용어는 '빈익부'(貧益富)이다. '빈익부'는 뜻 그대로 '가난한 자가 부유해진다'는 뜻이다. 우리 사회에 중산층이 많아져 경제적 고통에서 자유로운 계층이 많아지고, '개천에서 용 나듯이' 가난한 사람이 희망을 가지고 살아가는 사회를 지향하는 것이다. 굳이 빈자, 부자 등의 계층을 나누지 않고 모두가 행복하게 살아가는 공동체, 아름다운 사회를 만들어가는 것이다.

국가적 차원에서 자본주의의 폐해를 극복하기 위해선 먼저 중산층을 확대하는 것이 중요하다. 부자와 빈자가 많지 않고, 중간 계층이 많은 사회가 안정적이고 행복한 사회다. 그는 "자본주의 사회에서 우리가 풍족하게 살아갈수록 기본으로 돌아가는 것이 필요하다"면서 "어려웠던 시절에 온 국민이 허리띠를 졸라맸듯이 근검절약하는 풍토를 다시 만들어 보자"고 했다.

"홍익자본주의가 확대되고 활성화되기 위해 정부는 먼저 모든 역량을 중소기업, 자영업자, 골목상권, 서민들에 집중해야 합니다. 중소기업 담당 부처를 부총리급으로 격상하고 지식경제부의 일부 기능을 오히려 청으로 낮추는 작업이 필요합니다. 대기업은 정부가 관여하기보다, 윤리경영과 적법경영을 바탕으로 큰 자유를 주는 대신, 그에 상응하는 책임을 져야 할 것입니다. 이를 기반으로, 자본주의가 홍익적으로 된다면 얼마나 아름다운 세상이 될 것인지 상상해보기 바랍니다."

홍익적인 자본주의 세상은 어떤 모습일까. 세상은 날로 살기 좋아진다고 하지만, 서민들의 삶은 예나 지금이나 팍팍하다. 십 수 년 전부터 정치권에서는 '경제민주화', '경제 활성화' 등 소리는 요란했지만 실질적으로 피부에 와 닿는 느낌은 없다. 강 후보는 "현재 우리나라는 서울과 수도권에 인구와 노동집약, 생산인력 등이 비대하게 집중돼 있다"면서 "수도권 등에 치중된 과부하를 해결하기 위해 인구와 생산인력 등을 지방으로 분산시켜야 한다"고 말했다. 또한 "피폐해져 가는 농촌을 살리기 위해서 100만 명 귀농귀촌을 추진하고, 농업 등 신개척지에서 일자리를 창출하겠다"고 밝혔다. 그는 심지어 서울과 수도권 인구의 절반이 자발적으로 귀농귀촌을 해야 한다고 주장한다. 그래야 떠난 사람도 살고, 남는 사람도 산다고 한다. 그렇게 자발적으로 농촌에 정착하는 이들을 위해 정부 차원에서 파격적인 지원책을 강구해야 한다고 주장한다.

"지금 우리나라는 일자리 문제가 심각합니다. 전 세계적으로 경제위기가 있지만 특히 우리나라는 오랜 경제불황으로 고용 창출 등의 일자리 문제가 심각한 편입니다. 젊은이들이 취업을 못 하고, 중장년층이 일자리가 없어 놀고 있다면, 이는 생계를 위협하는 정도를 넘어 삶의 근간을 흔들 정도로 심각한 사회문제입니다. 과거처럼 성장에 따른 낙수효과가 나타나지 않아 우리 삶은 굉장히 어려워지고 있습니다. 그런데 한편으로 중소기업이나 제조업 쪽에서는 일손이 부족해 인력난에 시달리는 아이러니를 보이고 있습니다. 그래서 한국인 대신 외국인 노동자를 고용하고 있습니다. 요즘 젊은이들은 중소기업에 눈을 돌리지 않습니다. 소위 '미스매치 현상'입니다."

취업난과 구인난이 동시에 일어나는 '일자리 미스매치 현상'은 갈수록 심화되고 있다. 일하겠다는 사람은 늘어나는데, 정작 업체에서는 일할 사람을 구하지 못해 쩔쩔매는 상황이다. 취업준비생들은 고임금과 복지, 정규직 등을 따지며 대기업 취업에 매달리거나 평생 정년이 보장되는 공무원직을 준비하면서 몇 년 씩 세월을 보내고 있다. 상황이 이렇다 보니, 중소 제조업체는 일할 사람을 못 구하고 있다. 소위 '3D 업종'을 기피하는 현상은 어제 오늘 일이 아니지만, 젊은 세대를 중심으로 이런 현상이 지속된다면, 결국은 심각한 사회적 불균형으로 이어질 것이다. 연령 불문하고, 직업 불문하고 '일자리'는 우리의 '생계'와 직결되는 문제다. 생계와 더불어 자아실현과 가치관을 얻는 것도 '일자리'에서다. 도시라는 한정된 구역에서 일자리를 찾는다면, 일자리 역시 한정적일 수밖에 없다. 자신의 구역이라는, 좁은 시야에서 벗어나 대한민국 전체를 보아야 한다. 광활한 우리 국토 전방으로 시야를 넓혀, 더 넓은 세상으로 나아가야 할 것이다.

적성 찾기 교육 혁명

　　강지원 후보가 내놓은 여러 가지 정책 공약 중 가장 눈길을 끄는 것은, 교육 분야의 공약이다. 그동안 줄곧 주장해온 '적성 찾기 교육 혁명'은 그가 '청소년 지킴이'로서 그간 애정과 열정을 가지고 활동해온 일련의 결과물이다. 이처럼 '적성 찾기 교육 혁명'은 강 후보와는 매우 깊은 인연이기에 이를 대표적인 공약으로 소개한다.

　　누구나 어릴 때부터 귀에 못이 박히도록 들은 말은 "공부해라!"이다. 부모님은 말할 것도 없고, 선생님, 형제, 친구들, 주변 사람들 모두 "공부하라"고 합창한다. 대개 8살에 초등학교에 입학해 중, 고등학교까지는 '학생' 신분이니 그 때는 사실 공부 말고 달리 할 것도 없다. 하지만 뒤돌아보면, 공부가 싫어도 학생이기 때문에 또 좋은 대학에 가기 위해 억지로 공부하지 않았나 싶다. 자신의 적성이나 소질이 뭔지도 모르고, '적성'이라는 것이 깡그리 무시된 채….

강지원 후보는 일찌감치 "대한민국의 획일적인 교육 때문에 요즘 아이들은 다들 행복하지 못하다"고 하면서 "모두가 다르게 갖고 있는, 저마다의 소질과 적성을 일찍 발견해주는 교육제도, 소위 '적성 찾기 교육 혁명'을 일으켜야한다"고 주장했다. 우리 청소년들이 행복하기 위해서는 자신의 소질과 적성을 일찌감치 찾도록 모든 교과과정을 전면적으로 개편해야 한다는 것이다.

"요즘 우리 청소년들, 여러분의 자녀는 행복할까요? 대개는 고개를 저을 것입니다. 왜 그럴까요? 누구 때문일까요? 우스개 소리로 법보다 더 무서운 게 뭔지 아시나요? 엄마의 말씀입니다. 학생이라면, 모두가 공부를 잘해야 된다고 하는데, 과연 누가 말하는 걸까요? 바로 우리의 엄마입니다. 엄마들은 자신의 자녀가 훌륭한 사람이 되기를 원하겠지만, 그것이 꼭 공부와 연결되는지, 공부 말고 다른 것은 없는지 진지하게 생각해보아야 합니다. 먼저 집에서도 학교에서도 '공

부'만 외치는 것을 뜯어고쳐야 합니다. 그렇지 않으면 이 나라의 청소
년들은 행복하지 못합니다. 더구나 앞으로 훌륭한 인물로 자라지 못
할 가능성이 큽니다. 한국은 물론, 세계 70억 인구 중에 같은 사람은
단 한 명도 없습니다. 따라서 사람마다 타고난 달란트(재능) 역시 모두
다릅니다. 공부 잘하는 달란트를 타고난 사람도 있고, 반대로 공부를
못하는 달란트를 타고난 사람도 있습니다. 대신 공부 못하는 달란트
를 타고난 사람은 다른 달란트가 있습니다. 이러한 사실을 우리 부모
님과 선생님이 알아야 합니다."

우리나라는 선거 때마다 교육 문제에 대해 수많은 공약이 나왔
다. 역대 정부가 바뀔 때마다 교육제도도 바뀌고 다양한 교육정책을
펼쳤지만 정작 우리 교육은 크게 달라진 것 없이 제자리걸음이었다.
그동안 어떤 교육 정책도 사교육비를 줄여주지 못했고, 가장 중요한
청소년들을 행복하게 해주는 경우가 없었다. 초임 검사 시절부터 '청
소년 문제'에 천착하며 오랫동안 일선에서 일해 온 강 후보는 출마하
면서 "적성 찾기 교육혁명을 일으키겠다"고 선언하였다.

"지금 우리나라 학생의 70~80%가 대학을 가고 있습니다. 공교
육이든, 사교육이든 모든 교육이 대학 입시에 맞춰져 있습니다. 어떻

게 하면 시험을 잘 봐서 좋은 대학에 들어가느냐가 인생의 목적이 된 것입니다. 부모님과 선생님의 바람도 한 몫 하고요. 이런 상황에서 많은 청소년들이 불행을 느끼며 심지어 자살로 이어지고 있습니다. 학교에서 교육하는 이유, 가정에서 훈육하는 이유는 무엇입니까? 이 '교육'의 기본 목적이 무엇입니까? 교육의 올바른 의미는, 저마다 타고난 적성을 찾아서 그것을 발휘하게 한다는 것입니다. 그것이 바로 우리 청소년을 행복하게 해주는 일이고, 나아가 우리 사회가 건강해지는 것입니다. 지금의 부모님과 선생님, 일선의 교육 관계자들은 이 사실을 간과하고 있습니다."

강 후보는 "청소년의 70%는 대학생활이 맞지 않는데도 불구하고 사회 관례상, 사회 분위기 때문에 억지로 진학하는 경우가 많다"면서 "하루 빨리 이런 풍토를 뜯어 고쳐야한다"고 말했다. 그는 또한 "우리나라는 유독 대학에 가는 것을 당연하게 생각하는 경향이 있다"면서 "공부를 잘 하는 아이는 대학에 가고, 공부 못 하는 아이는 대학에 못 간다는 선입관이 있어서 대학 진학률이 무려 70%~85%에 달한다"고 비판했다. 이것은 지구상에 유례가 없을 정도로 높은 대학 진학률이라고 한다.

"유럽 선진국의 대학 진학률은 약 30%에 불과합니다. 대학이라는 곳도 결국 적성에 맞는 학생이 가는 것입니다. 대학이 적성에 안 맞는 학생들이 대학에 가서는 안 됩니다. 적성에 맞지 않는 대학생활은 괴로울 뿐입니다. 또한 아까운 시간을 낭비하는 것이며, 비싼 등록금만 대학에 바치는 꼴이 됩니다. 먼저 부모의 인식이 바뀌어야 하며, 우리 어린이 청소년들이 자신의 소질과 적성을 찾아 진로를 결정하도록 어른들이 도와야 합니다. 공부가 정말 좋고, 적성이 맞는 친구들, 대략 30%는 대학에 가면 되고, 나머지 70%는 과감하게 대학을 거부해야 합니다. 청소년기에는 자신에게 주어진 타고난 소질과 적성을 찾는 것이 우선입니다. 즉 내가 잘 하는 일, 정말 하고 싶은 일을 찾아가는 것이 무엇보다 중요합니다."

우리나라 피겨의 역사를 새로 쓴, 김연아 선수.

김연아는 일곱 살 때 우연히 언니 따라 빙상장에 갔다가, 피겨스케이트를 처음 신었는데 곧잘 탔고 무척 재미있어 했다. 어린 김연아는 피겨스케이트에서 재능을 발견했고 그 때부터 혹독한 훈련과 연습을 거쳐, 우리가 알다시피 세계적인 선수가 되었다. 김연아 선수가 공부를 잘 하고, 못 하고는 전혀 중요하지 않다. 훈련하느라 공부할 시간도 마땅치 않았을 것이다. 선수로서 각종 대회에 나갈 뿐, 공부해서 시험을 치는 게 아니다. 김연아는 피겨스케이트 선수로서, 피겨를 잘하면 되는 것이다. 김연아 선수의 성공 요인은 자신의 적성을 일찌감치 발견하고 최고를 목표로 피나는 노력을 했다는 것이다.

비단 김연아 선수뿐 아니라, 이러한 사례는 무수히 많다. 이처럼 자녀의 선택이 '공부'만 있는 것이 아니다. 부모의 역할은, 내 자녀가 어떤 달란트와 소질을 타고났는지 발견하여 그 소질과 적성을 키워나가도록 지원하고 격려하는 것이다. 그래야 우리 아이들이 엇나가지 않는다. 무엇보다 아이들은 자신의 적성을 발휘하는 가운데 큰 성취감과 행복을 느낀다. 그 아이들은 누구에게도 의존하지 않고, 자기 앞가림을 하면서 훌륭한 어른으로 성장한다.

혹시 아는가. 내 아이가 김연아 선수처럼 세계적으로 이름을 떨치는 인물이 될지도 모를 일이다.

'공공의 선(善)'을 향한
'돈키호테형 사회 운동가'

그의 어린 시절의 족적을 따라가다 보면, 그의 일평생은 여러 장애물과 난관에 부딪혀 가면서도 비교적 자신의 적성에 맞는 일을 찾고자 부단히 노력해왔음을 알 수 있다.

강지원 대표가 서울 재동초등학교 재학 시절, 당시엔 중학교도 입학시험을 보고 들어갔던 때였다. 그래서 공부 좀 한다는 아이들은 명문 중학교에 입학하기 위해 고학년 때 부터 이미 입시지옥에 들어갔다. 대학 입시도 아니고 불과 13살 나이에 치열한 입시 전쟁을 치렀던 것이다. 그렇게 독하게 책에 파묻혀 공부에 전념했던 그는 최고의 명문학교인 서울 경기중학교에 입학한다. 그런데 중학교 교실에 앉았는데 어쩐 일인지 칠판의 글씨가 잘 보이지 않았다. 이상하다 싶어 병원에 갔더니, 안과 의사가 안경을 맞춰주면서 "경기중학교하고 눈하고 바꿨구만!"하는 것이다. 지금도 그 때 일이 생생하게 기억난다고 하니, 어린 나이에 얼마나 충격이 컸을지 짐작이 된다. 의사 말처럼 소년은 공부와 시력을 바꿔버린 셈이 되었다.

중학생인 그는 작문을 중시했던 국어 선생님 덕분에 글쓰기에 관심을 가졌다. 그는 작문 숙제 말미에 '사람에게는 뭐니 뭐니 해도 결과가 중요하다'고 썼다. 선생님은 그 대목을 빨간 색연필로 지우고는 '결과보다 과정이 중요하다'고 고쳐 놓았다. 이를 본 그는 굉장히 큰 부끄러움을 느꼈다. 철없고 나쁜 생각을 선생님에게 들킨 듯 얼굴이 화끈거렸다. 선생님은 늘 과정을 중시하는 소신을 가진 분이었다. 글쓰기 역시, 결과가 중요한 것이 아니라 끊임없이 고민하고, 고치고 노력하는 과정 속에서 좋은 글이 나온다는 것을 배웠다. 그래서인지 그는 글쓰기를 즐겨했고 작문에서 두드러진 재능을 보였다. 중·고교 시절 교내 신문에 글을 쓰고, 교내 백일장에서 그의 수필이 장원으로 뽑히기도 했다. 도서반과 독서클럽에서 활동하며 독후감을 쓰고 시와 소설을 습작하기도 했다. 나중에 검사가 되고 변호사로 활동하면서 여러 신문과 매체에 칼럼을 기고한 것을 보면, 그가 학창시절에 소질이 있었던 글쓰기와 무관하지 않을 것이다.

　그는 중학교 방송반에서 활동하며 방송반장을 맡기도 했다. 당시 생소했던 앰프, 스피커, 녹음기 등 방송기자재를 만지작거리며 조정하는 것이, 어린 그에게 최고의 기쁨이었다. 방송반 활동이 점심시간에 전교생에게 음악 틀어주고 몇 마디 하는 게 고작이었지만 방송이 재밌고 설렜다. 또 방송제에 참여해 공연할 극본을 쓰는 것도 신나는 일이었다. 방송 기계도 호기심이 생겨 트랜지스터를 만들다가 입이 터져 붕대를 싸매고 다니고, 실수로 교무실까지 방송이 나가는 바람에 교장선생님이 시끄럽다고 방송실로 쫓아온 일도 있었다. 사춘기 소년의 잦은 실수에도 방송반을 지도하던 선생님은 너그럽게 이해하면서 방송을 친근하게 느끼게 해주었다. 이처럼 학창시절의 방송 경험은 그가 나중에 다수의 TV 출연과 진행, 라디오 시사프로그램 진행자로 능숙하게 활동하는 자양분이 되었다.

　한 문제 차이로 경기고등학교를 전교 차석으로 입학한 그는 글쓰기와 함께 말하기에도 상당한 소질을 보였다. 그가 경기고 2학년 때 굉장히 충격적인 사건이 일어났다. 교내에서 태권도부 학생과 보이스카우트 학생 간에 싸움이 벌어졌는데, 이 중 한 명이 사망한 것이다. 갑작스런 사태에 놀란 학교는 '전교생 반성대회' 명목으로 전교생을 강당에 집합시켰다. 몇 몇 학생이 앞에 나가 잔뜩 주눅 든 모습으로 반성한다고 얘기했는데, 그는 뭔가 못 마땅했다. 그 때 친구들에게 떠밀려 그는 단상 위로 올라갔다.

"프로이트의 정식분석에 따르면, 자아가 위협을 받으면 불안에 휩싸이고, 자신도 모르는 무의식 속에서 어떤 일을 벌일지 모릅니다. 우리 학생들은 저마다 내면에 상처를 가지고 있습니다."

일개 고등학생이, 살인사건에 대해 프로이트, 무의식, 상처 등의 '문자'를 써가며 일장 연설을 늘어놓은 것이다. 어쩌면 이때부터 사회 문제와 인간의 내면에 대해 호기심과 관심이 싹텄는지 모른다. 이미 학창시절부터 연설가로서 남다른 자질을 갖추고 있었던 셈이다. 그는 "돌아보면 청소년 시기에 유독 사회 문제와 인간의 심리에 관심이 많았고, 당시 학생운동, 한국사상, 대학문화를 주제로 글을 쓰고, 말도 곧잘 했던 기억이 난다"고 회고했다. 후에 그가 검사가 되어, 우연히 비행 청소년을 만나고 청소년 문제에 관심을 가지면서 인간의 내면을 깊이 연구하는 학문에 파고든 것은, 자연스러운 현상이라 하겠다.

이처럼 청소년기에 발견한 두드러진 소질과 적성은 어른이 돼서도 그대로 전가된다. '큰 바위 얼굴'을 찾고 싶어 끊임없이 고민하고 방황했던 청소년기가 있었기에 강 대표는 어른이 된 후 늦게나마 자신의 직성을 찾지 않았을까. 또한 그는 세사들의 신뢰와 삶의 방향에 애정 어린 관심과 조언으로 따뜻한 가르침을 주신 스승을 만나면서, 학창시절에 선생님의 역할이 참으로 중요하다는 것을 느꼈다.

강 대표는 청소년기에 적극적으로 본인의 적성을 찾으라고 말한다. 그 자신이 청소년기에 적성을 살리지 못 하고 다른 길을 돌고 돌아, 늦게서야 '사회 운동가'라는 적성을 찾았듯이, 사랑하는 우리 청소년들은 재능을 일찍 발견하여 '자신이 진정 좋아하고 잘 하는 일'을 찾기를 바란다.

그는 '지금도 적성에 맞는 일이라면 뭐든지 찾아서 하자'는 원칙을 갖고 있다. 다만 일은 하되, 돈벌이를 목적으로 하는 일은 하지 않는다. 그동안 검사, 변호사로 이어진 일련의 직업적인 활동은 결국 '사회 운동가'로 확장하는 발판이자 디딤돌이었다. 그는 '사회 운동가'라는 이름 그대로, 지금도 더 나은 사회, 행복한 공동체를 위해 부단히 활동하고 있다. 나아가 스스로가 빛과 소금이 되어 우리 사회에 선한 영향력을 펴뜨리고 있다. 강지원 대표가 마침내 찾은 적성의 최정점, '사회 운동가'.

그는 우리 사회에서 '공공의 선(善)'을 향해 최선을 다했던 '사회 운동가' 그 자체다.

지금까지 그가 살아온 삶의 발자취는, 한마디로 독특했다. 그에게 '돈키호테' 또는 '기인(奇人)', 심지어 '또라이'라고 하는 사람도 있을지 모른다. 최고의 엘리트 코스를 밟았지만 그의 행보는 속세의 성공이나 출세와는 너무도 거리가 멀었다. 출세가 뻔히 보이는 평탄한 길은 쳐다보지도 않았고, 오히려 다른 사람이 가던 길과 반대로 갔다.

　　세상의 돈과 권력, 감투, 지위, 명예, 인기 같은 세상의 욕망을 무시하고, 오로지 본인의 소신과 의지, 스타일대로 행동했다. 검사로서 출세 길이 훤히 보이는 요직을 마다하고, 남들이 쳐다보지도 않던 청소년문제에 매달렸다. 현직 검사 신분으로 '양심냉장고' 등 TV 예능 프로에 출연하면서 대중적 인기를 누렸지만 다른 유혹에 흔들리지 않고 청소년 전문가로서 가야할 길만 묵묵히 걸어갔다. 간혹 '높은 자리'를 제안받거나 하마평이 오르내려도 자신의 적성과 맞지 않으면 눈 하나 깜짝 않고 거절했다.

　　그동안 정치권에서 수없이 러브콜을 받았지만 "절대로 정치는 하지 않는다"고 단언했다. 출세의 행보와는 반대로, 매니페스토 정치개혁운동을 실현하기 위해 대통령 선거에 출마하기도 했다. 돈이 많이 생기는 변호사 사무실도 몇 년 하고 문을 닫았다. 돈이 생기지 않만 '사회 운동가'가 적성에 맞았기에 미련 없이 '돈 버는 일'을 접었다. 이리한 그의 특이한 행보를 보고 '돈기호테'니, '또라이'니 뭐라고 해도, 그는 세상 사람들의 시선에 신경 쓰지 않는다. 애초부터 사회적 출세나 성공은 그에게 관심 밖의 일이다. 그에게는 오로지 '자신의 달란트에 맞는 일, 즉 하고 싶은 일, 잘 할 수 있는 일'을 찾아 선(善)을 향해 나아가는 것이 중요할 뿐이다.

'돈키호테'는 누구인가?

스페인 작가 세르반테스의 17세기 소설 제목이자, 주인공 이름이 '돈키호테'다. '돈키호테'는 풍자소설로 분류되지만 '인간' 자체를 진솔하게 그려낸 명작으로 평가받는다. 주인공 돈키호테는 기사(騎士) 이야기를 탐독하다가 망상에 빠져, 늙은 말 '로시난테'를 타고 조수 '산초'와 함께 다니며 온갖 모험을 겪는다. 그 와중에 현실 세계와 충돌하면서 엉뚱한 행동을 일삼는다. 오늘날 '돈키호테'라고 하면, 현실과 상반되는 공상가를 말하며 그러한 인물 유형을 '돈키호테형'이라 한다. 이와 반대는 '햄릿형'이다.

우리 시대의 사회 운동가로서 '따뜻한 선(善)'이라는 목표를 향해 내달린 강지원 대표의 모습은, 어떤 목적을 위해 열정을 불사른 돈키호테의 면모와 일부 겹친다. 그래서인지 강 대표는 자신이 '돈키호테' 라 불리는 것을 마다하지 않고 오히려 유쾌하게 받아들인다. 본인 스스로가 '돈키호테형 사회 운동가'라고 자처하기도 한다.

어쩌면 진지한 고뇌형 인간인 '햄릿' 보다, 다소 엉뚱하면서도 소탈한 인간미가 있는 '돈키호테'에게서 우리는 친근감과 위안을 얻는다. 그런 점에서 강지원 대표는 열정의 사회 운동가이면서 인간적인 매력을 두루 갖춘 '돈키호테형' 인물이라 하겠다.

강지원 대표의 대선 출마는 '매니페스토'(정책중심선거), 그리고 '공공의 선(善)'을 향한 것이다. 한국 최초의 '매니페스토' 후보로 나서면서 그는 한국의 정치판을 갈아엎고 싶은 심정이었을 것이다. 이는 '공공의 선(善)'을 위해서도 꼭 필요한 일이었다. 그는 한국매니페스토실천본부 상임대표로 7년간 발로 뛰며 활동했지만 달라지지 않은 정치현실에 실망하고 낙담하였다. 그래서 본인이 직접 흙탕물 같은 대선판에 뛰어들어서라도 한국의 정치를 바꾸고 개혁하고 싶었던 것이다. 세상 사람들의 생각처럼 그의 도전은 무모했을지 모르나, 당시 대선에서 '매니페스토'를 국민의 뇌리에 각인시키는 의미 있는 족적은 남겼을 것이다.

이 시대에 진정으로 국민을 위해 헌신하는 일꾼, 다음 세대를 생각하는 정치인이 넘쳐나는 그런 사회가 되기를 희망한다. 향후 우리 정치가 무수한 시행착오를 겪으며 하나의 기적이 되는 순간을, 그리고 사랑과 정의가 결합된 '선(善)'에 도달하기를 간절히 바란다. 또한 이것이 단지 꿈이나 상상이 아니라, 현실에서 분명히 이뤄질 것으로 믿는다. 정치가 선에 도달하는 길, 기적으로 가는 길은 멀고 험난하겠지만, 언젠가는 그 지점에 이르는 날이 올 것이다. 그곳으로 가는 길에는 '공공의 선(善)'이 함께 할 것이다.

누구나 세상에 빈손으로 왔다가 빈손으로 돌아간다. 반세기를 살아오면서 필자는 이번 생에서 진정으로 '행복한 일', '선한 일'이 무엇인지 곰곰이 생각해 본다. 강지원 대표의 삶의 발자취를 따라가다 보니, 과연 무엇이 사랑과 정의고, 어떤 것이 '선(善)'에 이르는 길인지, 조금이나마 깨달아가고 있다.

"남은 생애 마지막 목표가 있다"는 강지원 대표.

"그것은 몸이 허락하는 한, 열심히 일하고 건강하게 살다가 '이삼사'(二三死, 2,3일 앓다가 죽는 것)"하는 것이다. 나이가 들었다고, 할 일이 없어서 그냥 시간을 소일하는 것은 의미가 없는 삶일 것이다. 그것은 살아 있어도 죽은 인생이나 마찬가지가 아닐까.

필자는 지금까지 살아가는 방법을 찾고 찾으면서 여기까지 왔는지 모른다. 현재를 살아가는 이유와 어떻게 살아갈 지에 대해 끊임없이 해답을 찾고 헤매면서 지금에 이르렀다. 아직도 그 해답을 찾지 못했다. 아니, 어쩌면 영원히 찾지 못 할지 모른다. 다만, 그 해답이 사랑과 정의라면, 필자도 이 세상 모든 것들을 사랑하면서 정의롭게 살아가고 싶다. 그것이 바로 '선(善)한 삶'이기에….

그동안 스쳐간 많은 만남 중에서 유독 '하나의 인연'이 정말 소중하고 감사하게 느껴진다. 이런 귀한 인연을 맺게 해준 내 직업이 새삼 고맙다. '자유기고가'라는 이 직업이 아니었으면, 필자는 '이런 분'을 어디서도 만나지 못 했을 테니까 말이다.

2004년 7월, 필자가 강지원 당시 변호사님을 처음 찾아뵙고 인터뷰하는 모습.
당시 강 변호사님이 KBS 라디오 아침 생방송 프로그램을 진행하여
아침 일찍 KBS 방송국으로 찾아가 인터뷰를 하였다.

강지원의 성찰
왜 사랑과 정의인가?

초판 1쇄 발행 2022년 7월 20일
　　　2쇄 발행 2022년 8월 20일
저자 : 허주희
펴낸곳 : (주)명진씨앤피
등록 : 2004년 4월 23일 제2004-000036호
주소 : 서울시 영등포구 경인로 82길 3-4 616호
전화 : (02)2164-3005
팩스 : (02)2164-3020

ISBN 978-89-92561-78-5 (03100)
값 15,000원